SAVE THE DATE

LE MANUEL DE NOS PETITES FÊTES

Pierre Manas des BBB
Illustrations **Lucas Teisseire**
Photographies **Simon Détraz**

FIRST
ÉDITIONS

SOMMAIRE

LE CAHIER D'ORGANISATION

SAVE
THE DATE

À PROPOS DES AUTEURS

Les Bouzy Boys Barbecues sont une bande de cinq copains : Pierre, Pierre, Nicolas, Nicolas, Lucas et zéro diplôme en cuisine !

Passionnés par les grillades au feu de bois, ils ont fait leurs armes autour de barbecues, fumoirs et rôtissoires fabriqués maison.

Le plaisir de cuisiner ensemble les a conduits à proposer leurs services pour des anniversaires, mariages, festivals. Des événements aux invités de plus en plus nombreux, avec souvent des cuissons à la braise, mais pas que...

Pas question, pour autant, de changer de métier, la cuisine doit rester une passion ! Les copains ont alors créé une structure hybride : formation hygiène, stages et expériences professionnelles pour pouvoir assurer légalement et sereinement les prestations, mais avec des moyens de particuliers, une économie de la débrouille et du système D qui met la praticité et le goût avant tout !

LES FOCUS

LES RECETTES

introduction

Réunions de famille, regroupements sportifs ou associatifs, anniversaires, fêtes religieuses ou amicales, lendemains de mariage, crémaillères, etc. Nombreux sont les prétextes pour se mettre à table par dizaines.

Si vous voulez/devez préparer le repas d'un tel événement, multiplier sa recette favorite est rarement la bonne solution. En tant que particulier, vos équipements domestiques ne jouent pas en votre faveur. Parfois, le repas se déroule à l'extérieur et vous n'avez pas accès à votre cuisine. Pourtant, c'est à vous d'organiser la cousinade de cet été ou votre brunch de mariage.

Pas de panique, voici le guide du traiteur amateur. « Traiteur » pour nourrir un grand nombre de convives, « amateur » avec des fours domestiques et une brigade de cousins éloignés. Pas question pour autant d'ignorer les notions d'hygiène en restauration. Il faut aussi calculer les quantités à la perfection, décorer les tablées, exploiter au maximum les ingrédients pour économiser votre argent et réduire les déchets.

de quoi briller aux buffets

Ce premier « Le saviez-vous ? » débute par les Grecs antiques, qui dissocient leurs banquets en deux temps : d'abord la consommation des aliments solides, pour occuper la seconde partie de la soirée à la boisson. Au Moyen Âge, il est répandu de ne manger que ce qui est devant soi. Si les tablées regorgent de victuailles, celles-ci sont disposées en fonction des positions sociales. Le souverain, au centre, fait face à un magnifique cochon de lait. En s'éloignant, c'est une soupe de pois cassés, et hors de question de se lever pour taper dans le faisan du chevalier. À la Renaissance, les châteaux ne sont pas occupés quotidiennement et les pièces n'ont pas de fonction dédiée. Le repas s'installe là où l'envie se crée. Pour déplacer les tables d'une pièce à l'autre, celles-ci sont trouées et des porteurs y passent la tête pour assurer l'installation. Bon… ça a dérapé et certains exigeaient des porteurs de rester en position pendant le repas, juste au cas où. S'ensuit l'âge d'or des traiteurs de renom, avec notamment Vatel qui, ne voyant pas la commande de poisson arriver pour son banquet, préféra se suicider que d'être déshonoré par un tel affront. Les premiers restaurants naissent, puis César Ritz et Auguste Escoffier révolutionnent les repas en société. Laissant aux traiteurs la responsabilité des repas nombreux et événementiels.

des professionnels de l'amateurisme

Aujourd'hui, deux types de traiteurs professionnels cohabitent : d'un côté le traiteur restaurateur ou autre professionnel des métiers de bouche (souvent charcutier) qui vend des plats préparés. De l'autre, le traiteur organisateur de réception, qui prend en charge la totalité de l'événement.

Dans le film *Le Sens de la fête*, Jean-Pierre Bacri interprète Max Angeli, un traiteur organisateur de réceptions. Si une catastrophe se profile, les congélateurs de Max regorgent de feuilletés aux anchois qui, associés à de l'eau pétillante, vont remplir l'estomac des invités pour faire gagner de précieuses minutes à l'équipe de cuisine lui permettant de trouver une solution. Mais dans vos congélateurs domestiques, pas de place pour les feuilletés. Alors, on fait comment en cas de coup dur ?

Ce livre s'inspire d'une organisation professionnelle et se base sur des recettes populaires, plus adaptés à vos équipements. Il vous aide à régaler vos nombreux convives sans y perdre la tête (ou sans perdre le sens de la fête). Petit tour de table des formules de base du traiteur amateur.

brochettes de traiteur sur canapé

Les pièces cocktail sont peut-être l'image d'Épinal du traiteur. Des miniportions souvent froides à se servir soi-même et présentées en plateaux. Nul besoin d'assiettes, de chaises et de couverts ! Canapés, minibrochettes, cuillères de dégustation ont l'avantage de se manger facilement, mais, surtout, montées à la chaîne, ils sont très simples à réaliser et très rentables. La plupart du temps, ils utilisent des ingrédients de base et lorsqu'ils le permettent, accueillent les fameux « fouzytout » cf.p.41 : les restes d'anciennes préparations qui garnissent les farces, cakes, tartinades, etc. Ils donnent un look délicieusement rétro à vos buffets et rappellent les grandes soirées chez l'ambassadeur !

verres plus très « in »

Ah, les verrines ! Elles ont longtemps vampirisé les buffets et les réceptions au point de coloniser nos tables basses. La verrine se cuisine, déguste et transporte dans le même récipient. Une fois la recette pensée par couches, presque toutes les combinaisons sont possibles, armé d'une poche à douille, en alternant les textures et couleurs. Attention, dans une verrine, mélanger chaud et froid est impossible. Si les verrines sont très pratiques, elles ont fini par en lasser plus d'un, tellement elles ont été présentes ! Mais les modes sont cycliques…

dans l'intitulé « charcutier/traiteur »…

Qui n'a jamais englouti un plateau cartonné argenté couvert de cochonnailles ? Là où foisonnent : rosette, pâté de foie, rillettes, cornichons découpés en éventail et œufs-mayo tremblotants. Associés à du pain, du beurre et son alter ego en fromages, ces plateaux ont nourri des régiments de baptêmes et ont été les témoins de belles tranches de rigolade (arrosées). Ils se mangent très facilement et plaisent au plus grand nombre. Les salaisons qui se conservent bien peuvent être préparées à l'avance. Le plateau peut se monter à la dernière minute. Aujourd'hui, nous prenons autant de plaisir devant une bonne rillette et un pâté croûte, surtout s'il y a un peu de verdure autour ! On évite ainsi l'overdose et on redonne toute sa noblesse à la charcuterie.

le taboulé !

Un monument ! Il occupe la plus haute marche de la cuisine nombreuse. Salade niçoise et salade piémontaise (celle avec du cervelas) se placent respectivement à la seconde et troisième place du podium. Les diverses salades de pâtes et de riz constituent le peloton de ces énormes saladiers inépuisables qui ont imbibé les assiettes en carton de notre jeunesse. Pourquoi un tel succès ? Avec un peu d'honnêteté, on admet que les goûts n'ont pas toujours été au rendez-vous... Mais c'est pratique, mon bon monsieur ! La semoule, ça gonfle, pardi ! Le riz et les pâtes, ça cuit vite et ça cale son homme, et les patates, c'est économique. Il est aussi très pratique d'avoir un saladier dans lequel chacun viendra se servir (au risque d'avoir les yeux plus gros que le ventre et de retrouver la moitié du taboulé dans la poubelle). C'est vrai, les salades sont pratiques et économiques, ici nous aurons à cœur de les végétaliser et de soigner les assaisonnements en capitalisant sur le pouvoir des herbes fraîches. Pour la présentation, on préfère multiplier les petits saladiers que la grosse tambouille inépuisable.

les plats de géant

La paella a ici une place de choix. Comme le dahl, le chili con carne, ces grandes gamelles sont capables de nourrir un régiment. Ce sont des plats de partage, qui n'existent qu'en grand ! Ils réunissent et, souvent, ils se savourent à même le plat. Tellement pratique qu'ils ont été largement surexploités. Ces plats sont à faire redécouvrir dans leur saveur originelle.

la rôtissoire

Une bête à la broche a ce pouvoir de satisfaire la quasi-totalité de nos sens ! Il y a quelque chose d'hypnotique à la regarder rôtir. Les quantités appellent les tablées nombreuses, les heures de cuisson, les discussions enflammées. C'est forcément la fête. Les plus philosophes penseront à nos ancêtres rassemblés par le feu, avec la nourriture comme vecteur d'échange. Attention, l'organisation doit être millimétrée si l'on veut profiter du spectacle et manger tous ensemble.

à la bonne franquette

Gratins, moules-frites, grillades ou fritures sont des réponses populaires pour nourrir des grandes tablées. Des recettes simples, des aliments accessibles et des goûts régressifs. Si ces techniques ont beaucoup d'avantages, il sera parfois difficile de les proposer dans des univers plus solennels.

le snacking

Certaines formules comme le snacking méritent une équipe au dressage qui gère le service du buffet. De cette manière, vous vous assurez une équité des parts et évitez le gaspillage. C'est un exercice difficile, inspiré de professionnels, qui nécessite une bonne mise en place et une équipe soudée. La formule permet de manger et/ou de servir très rapidement. L'inconvénient est que l'équipe en question ne mange pas en même temps que les convives.

Le gros avantage des recettes de snacking est le lâcher-prise et la convivialité qu'elles apportent. Alors, si vous n'êtes pas si pressé, vous pouvez préparer en avance certains éléments et mettre vos invités à contribution avec des ateliers où tout le monde compose son assiette.

10 conseils pour réussir

Burgers, croque-monsieur et ours en guimauve figurent aujourd'hui sur les cartes des palaces étoilés. La restauration connaît un décloisonnement sans précédent et s'amuse à piocher dans tous les genres. Le cuisinier ne s'interdit plus rien. Il mélange les goûts et les univers pour créer son identité culinaire.

Chaises hautes, mange-debout, vente à emporter, *finger food,* fourchette ou baguette, cocktail dînatoire, planche, tapas, brunch. C'est la manière même de manger qui a évolué. Le public est prêt à tout, la typologie du repas a éclaté. Fini le traditionnel entrée-plat-dessert, placé et bien assis. Aujourd'hui, chaque dégustation peut être une expérience unique où tout devient possible. Atelier, *foodtour,* cours de cuisine, produits personnalisés, le consommateur se veut acteur et ne se contente plus de manger.

Si le rapport avec la restauration et plus généralement avec l'alimentation a changé, le traiteur amateur doit s'inscrire dans son époque et suivre le mouvement.

C'est sur ce constat que le syndicat du traiteur amateur s'est formé. Voici 10 conseils à suivre pour réussir sa prestation :

1. le goût de la fête
Au-delà des ingrédients, c'est la formule proposée qui va donner des couleurs à votre événement. Ateliers participatifs, buffets chics, grande tablée... choisir la bonne formule est essentiel.

2. semi-mesure
En fonction du nombre d'invités, du matériel, de l'aide en cuisine, de la saison, du lieu, etc., le menu va s'écrire presque tout seul. Une fois les recettes phares trouvées, tournez-vous vers celles qui en découlent car elles partagent les mêmes ingrédients et modes de cuisson. Pensez aussi à celles qui peuvent être réalisées avec les restes et facilitez-vous le travail !

3. oser
Si vous voulez servir des burgers à votre mariage, allez-y ! Aujourd'hui tout est possible. En cuisine comme en salle, ne vous imposez rien !

4. goûter
Goûtez, goûtez, goûtez ! À chaque étape, assurez-vous que les assaisonnements sont réussis. Le matériel et les quantités changent énormément les goûts.

5. privilégier l'ordinaire
Il vaut mieux des aliments ordinaires de qualité (légumes bio) que des produits nobles médiocres (gambas surgelées).

6. *less is more*
Choisissez toujours la simplicité, partez sur un menu réalisable et facile. Ne vous rajoutez pas de travail inutile !

7. sous-traiter
Passez commande auprès de vos artisans, constituez une équipe, donnez des responsabilités. Partager, c'est la solution pour ne pas imploser ! Et dites toujours oui quand on vous propose de l'aide.

6. chaud, c'est chaud...
Gratins et gros morceaux nourrissent facilement jusqu'à 20 personnes. Les plats collectifs, comme la paella ou un cochon à la broche, permettent de n'avoir presque que cette recette à réaliser. Proposer un plat chaud, c'est se rajouter une difficulté. Sur un buffet, limitez le nombre de plats chauds. Pour du snacking ou un plat en sauce, prévoyez une équipe pour envoyer rapidement. Ça permet d'éviter la cohue du libre-service et des invités trop pressés. Et surtout, ça permet de manger chaud.

7. personne ne bouge !
Attention aux cuissons minute ! Retards et imprévus s'invitent souvent à la fête. Privilégiez des plats qui acceptent la surcuisson et qui n'ont pas besoin de conditions particulières pour rester en place. Envoyez les vinaigrettes au dernier moment sur les salades. Mieux, laissez-les nature avec pipette d'assaisonnement en libre-service.

8. équipé pour cuisiner
Gagnez du temps et procurez-vous le matériel nécessaire pour passer un bon moment. Ne cherchez pas à grappiller quelques euros sur de la location qui vous fera gagner un temps précieux.

9. on se sauce !
Concentrez-vous sur la sauce ! C'est là notre secret. Toujours rattrapable et facile à transporter, une bonne sauce est l'arme secrète. C'est elle qui vous apportera louanges et autographes.

10. tas d'herbes !
Voici notre ultime conseil. Notre drogue à nous, c'est l'herbe ! Origan, cerfeuil, persil, coriandre, basilic, menthe, etc. Chacune d'entre elles est une invitation au voyage. Elles ont le pouvoir de transformer une salade quelconque en une balade potagère. Viandes, sauces, salades... n'importe quelle recette est sublimée par un tas d'aromates ciselés au dernier moment.

ANDOUILLETTE
AVEC
POMME DE TERRE
OIGNONS NOUVEAUX
AU
BEURRE MOUTARDÉ

LE CAHIER D'ORGANISATION

— 11 ÉTAPES —

0. traiteur amateur, qui es-tu ?
introspection et motivations

Mais, pourquoi faites-vous tout ça ? Identifiez rapidement ce qui vous caractérise, ce qui vous motive et sur quoi vous devez travailler !
Quel type de traiteur amateur êtes-vous ?

l'économe
Dans de nombreux domaines, faire soi-même permet d'économiser. Mais là où un professionnel bénéficie de prix préférentiels sur les matières premières et le matériel, le particulier paiera, lui, plein tarif. Parfois, il faudra louer du matériel de cuisine et de service, poser un jour de congé et multiplier les trajets. Si c'est uniquement l'aspect économique qui vous motive, faites un rapide calcul avant de vous lancer dans cette aventure.

le critique Michelin
Vous êtes un esthète, adorez manger et vous êtes au fait des dernières tendances culinaires. Si aucun restaurant n'a de secret pour vous, vous avez pourtant du mal à trouver un bon traiteur. Alors, comme on n'est jamais mieux servi que par soi-même, vous songez à vous lancer. Un conseil : servez-vous de votre carnet d'adresses ! Passez commande aux fournisseurs que vous seul savez dénicher. Limitez au maximum le temps à passer en cuisine. Tout le monde le sait, c'est en salle que vous rayonnez.

le cuisinier
Vous êtes un vrai cordon-bleu, adorez passer votre temps en cuisine et sortir des assiettes parfaites pour votre moitié. C'est décidé, pour vos quarante ans, le chef aux fourneaux, c'est vous ! Attention, cuisinier et traiteur sont deux métiers différents. Cuisiner pour deux ou cuisiner pour quarante, ce n'est pas exactement la même chose. Testez-vous sur un dîner pour douze, vous apprendrez bien des choses sur votre avenir de traiteur amateur.

la table ouverte
Plus que l'assiette que vous envoyez, c'est l'ambiance qui vous importe. Vous aimez les cuisines ouvertes, être aux fourneaux tout en profitant des copains. De temps en temps, vous en attrapez un pour lui apprendre à faire une mayonnaise ! Vous regardez d'un coin de l'œil la tablée et vous vous réjouissez de voir vos convives rigoler au rythme des canons de rouge qui se débouchent. Inutile de consulter davantage, vous êtes à point pour devenir un traiteur amateur !

1. la papote
la demande de l'événement

S'il y a bien une règle, c'est qu'il n'y a pas de règle ! C'est d'autant plus vrai que chaque événement est unique. Mais l'expérience nous a fait théoriser quelques principes de base : 9 questions à se poser pour tracer les contours d'un événement et proposer un menu adapté.

1. combien de personnes ?
C'est LA question ! Celle qui permet de trancher entre la location de la rôtissoire et le four domestique.

2. quand ?
Quels sont les légumes de saison ? Est-ce qu'une recette traditionnelle s'impose comme l'agneau et les asperges à Pâques ou la dinde à Noël ? L'événement va-t-il se dérouler à l'extérieur ou à l'intérieur ? À quelle heure le soleil se couche ? Pouvez-vous anticiper et gagner du temps pour le jour J en préparant des gratins que vous allez congeler ou encore des charcuteries qui peuvent tenir quelques jours ?

3. combien de repas ?
Si vous devez composer plusieurs menus, mettez en commun un maximum de préparations et d'ingrédients. Exploitez les restes des repas précédents : par exemple, faites des rillettes avec les restes du saumon au four.

4. quoi ?
Pour quelle occasion allez-vous cuisiner ? Une cousinade détendue ou un baptême un brin chic ? Parfois, la formule va de soi : un atelier pizza réunira tous les cousins, tandis qu'un buffet sera plus adapté pour le baptême.

5. où ?
Plusieurs cas de figure :
• Vous jouez à domicile, en terrain connu, avec votre matériel. C'est rassurant, vous ne perdrez pas de temps en trajets et vous pourrez plus facilement anticiper et stocker.
• Vous n'êtes pas chez vous, mais connaissez les lieux. Connaître l'endroit est un avantage non négligeable, vous n'aurez pas à prendre vos marques le jour J.
• Vous n'avez aucune idée des lieux : faites un repérage à distance en récoltant un maximum d'informations et si possible des photos. Comment est organisé l'espace ? Où est la cuisine ? Est-elle grande ? De quoi est-elle équipée ? Est-elle loin de la salle de réception ? Ne découvrez pas toutes ces informations le jour J. Elles conditionnent bien trop votre organisation.

6. équipement ?
Quid du matériel de cuisine, de stockage et de service ? Faut-il louer du matériel complémentaire ? Les frigos sont-ils assez grands ? Est-il possible de faire du chaud ?

7. qui ?
Qui peut vous aider avant, pendant, après :
• avant : déléguez si possible une partie du menu, comme le dessert.
• pendant : constituez une brigade.
• après : ne négligez pas le rangement.

8. budget ?
Budget serré ? Certains ingrédients sont déconseillés. Chacun paie sa part ? Qui invite ? Attention : trajets, location de matériels, frais annexes, anticipez tous les postes de dépense avant de partir sur un pâté croûte au ris de veau.

9. trajet ?
Au-delà d'être chronophages, les trajets posent la question de l'encombrement et de la fragilité. Si possible, faites le dressage sur place, sauf si vous avez opté pour des gratins, des rillettes en pot et des gâteaux de voyage.

2. stylo et calculette
la conception du menu

Bien avant de cuisiner, il faut lâcher le couteau et s'armer d'un stylo et d'une calculette. C'est là que tout commence !

stylo

Vous avez tracé les contours de votre événement et commencez à y voir plus clair. Un événement convivial et décomplexé ou un repas festif et distingué ?

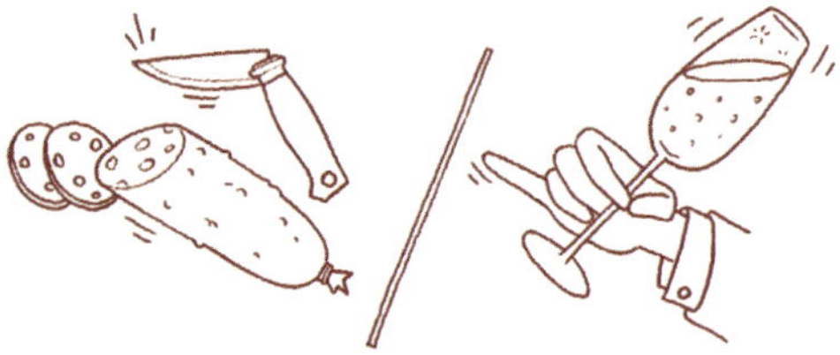

La saison vous oriente sur du chaud, du froid, un repas en extérieur ou à l'intérieur. Surtout, elle vous dirige vers les ingrédients du moment et peut-être des recettes de saison (tian provençal ou gratin dauphinois). Les questions pratiques comme le nombre d'invités, le matériel disponible, l'aide potentielle aux fourneaux, le lieu, les trajets rayent de la carte certaines recettes interdites pour en privilégier d'autres.

Parmi les recettes qui émergent, choisissez selon votre goût, mais aussi celui des invités. Tout le monde ne raffole pas des brochettes de cœurs de canard ! Prenez aussi en considération le budget : si tout le monde participe aux frais, essayez de coller au portefeuille de vos invités. La grosse erreur serait de partir avec une idée en tête sans prendre en compte toutes ces données. Car, non, un gigot d'agneau pour votre week-end de Pâques n'est pas une bonne idée si vous êtes quarante personnes et que vous n'avez qu'un four domestique.

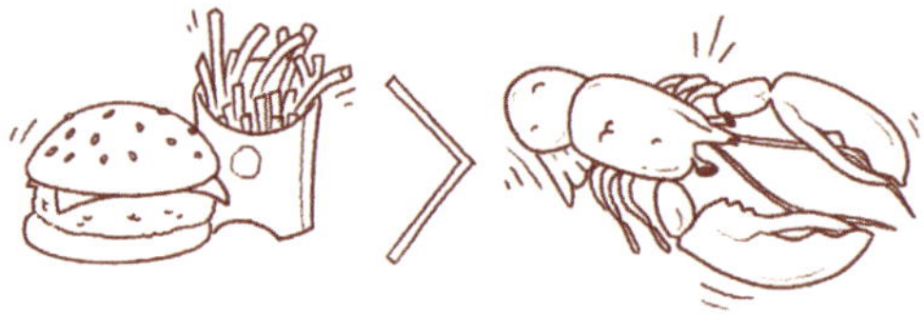

calculette (prix)

Un menu, ce n'est pas que les goûts, c'est aussi un coût !

Pour viser juste, le plus simple, c'est encore de calculer le prix d'un repas pour une personne : additionnez les charges fixes (voir encadré p.17 au coût des recettes (les ingrédients). Divisez le tout par le nombre d'invités. Demandez-vous si le prix est cohérent selon le profil des invités ou de la personne qui invite. Ça vous permet aussi de comparer avec des devis de professionnels. Si la cuisine n'est pas votre passion et qu'un professionnel est plus rentable, passez la main et profitez pleinement des invités !

charges fixes

Produits d'entretien de nettoyage, distribution des restes (Tupperware et machine sous vide), trajets, hébergement, repas d'équipe, location du matériel, location de vaisselle, combustibles (charbon, gaz, gel pour chauffe-plat, bûche pour rôtissoire), etc.
Toutes ces sources de dépences s'ajoutent à la liste des ingrédients de vos recettes.

Et pour réduire la note, travaillez des recettes de saison ! Vous trouverez les ingrédients à leur meilleur prix. Dans vos calculs, pensez à tenir compte de la date de l'achat envisagée.

Avoir accès à une carte Metro n'est pas forcément synonyme d'économie, surtout si vous ne récupérez pas la TVA.

menu (quantités)

Beaucoup de monde ne doit pas être synonyme de surabondance : apéritif, entrée, plat, fromage, dessert, ça fait beaucoup ! Surtout si c'est sur plusieurs repas. Essayez d'équilibrer les quantités sur toutes les étapes du menu : par habitude, les débuts de repas sont souvent généreux. Si vous proposez un apéritif copieux, allégez le plat de résistance et faites l'impasse sur le fromage. Les fruits en dessert sont généralement les bienvenus. La peur du manque risque de faire exploser votre budget et d'écœurer vos invités. Si malgré toutes ces précautions vous avez la main lourde, choisissez des formules dont les restes peuvent se conserver ou s'intégrer dans de nouvelles recettes. Aujourd'hui, on ne gaspille plus ! Pour bien calculer vos quantités, reportez-vous à notre tableau p.60-63.

astuce

On se réserve le plateau de fromages en joker et on ne le sort pas tout de suite ; il a souvent plus de succès sur un *dance floor* enflammé, quand les besoins d'éponger se font sentir (vers 2-3 heures du matin).

comparer

Comparez avec les tarifs des professionnels. En faisant vous-même, vous ne payez pas la main-d'œuvre, ni le matériel et l'énergie, mais vous ne bénéficiez pas des mêmes tarifs que les professionnels. Donc, si vous êtes plus cher qu'un professionnel à prestation égale, il y a peut-être des économies à faire...

À TITRE D'EXEMPLE (SANS BOISSON) :
tarifs par personne approximatifs pouvant évoluer en fonction des régions et des périodes de l'année

- Moins de 10 € : service traiteur des grandes surfaces pour buffet froid
- Autour de 10-15 € : offre de buffet froid d'un traiteur charcutier
- Entre 12 € et 18 € : service de privatisation d'un *food-truck* de *snacking*
- Entre 8 € et 15 € : service de paella par un traiteur de proximité
- Entre 15 € et 25 € : service de cochon de lait grillé à la broche
- À partir de 30 € : début des offres de mariage

3. le lieu en revue
l'anticipation du *D-Day*

Pendant que le menu se précise, il est primordial d'avancer en parallèle sur les aspects pratiques : anticipez les questions de matériel, de place, de disposition et d'équipe.

compatibilité du menu

C'est le moment de vérifier que le menu envisagé soit compatible avec les moyens techniques que vous aurez à disposition. Comme vous n'êtes pas outillé comme un organisateur de mariage, il va vous manquer certaines choses. Regardez comment vous les procurer : frigo, plancha, four externe, friteuse, rôtissoire, etc. Est-il possible de louer, de se faire prêter ? N'est-il pas plus simple de modifier le menu ?

disposition des lieux

Où allez-vous cuisiner ? Où allez-vous servir ? Où disposer le buffet ? Pensez à la circulation, aux lieux de stockage, aux arrivées d'eau et électriques, etc. Prenez des dimensions, listez vos besoins en matériels et en équipements. Pour éviter les mauvaises surprises le moment venu, le top, c'est de faire un croquis !

vérifications et compatibilités

Votre compteur est-il équipé pour tirer à la fois plancha et lave-vaisselle ? La paella de location est-elle au propane ou au butane ? La rallonge est-elle suffisamment grande pour installer la rôtissoire dans le jardin ? C'est maintenant qu'il faut se poser toutes ces questions.

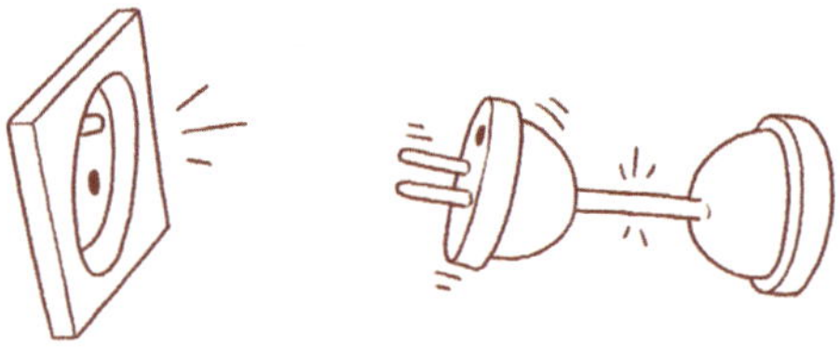

petit équipement

Nappe, vaisselle, couverts, verres, saladier, etc. Par pitié, on évite le jetable ! Il existe des sociétés de location pour ces équipements. Vous pouvez même les rendre sales. Au-delà de l'aspect écologique, la vaisselle en carton ou en bambou dénature les goûts et ne rend pas hommage à votre travail. Référez-vous à la p.56 pour voir comment constituer une vaisselle stylée à moindres frais.

la *dream team*
Commencez dès à présent à identifier les personnes disponibles pour vous accompagner : qui peut vous prêter du matériel ? vous aider à la mise en place ? venir en renfort pour le service et le coup de feu ?

les premiers *calls*
Commencez par appeler les personnes identifiées pour la *dream team*, assurez-vous de leur disponibilité et de leur engagement.

Appelez également loueur/prêteur de matériel pour réserver le matériel de cuisine et/ou le matériel de salle qui vous manque. N'oubliez pas les combustibles appropriés.

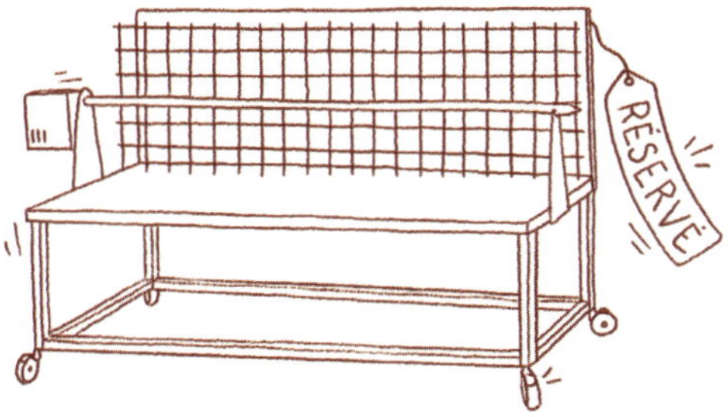

Un conseil, diffusez dès que possible le menu à vos invités avec la liste des allergènes. Référez-vous à la p.58. Demandez aux intolérants et régimes spécifiques de se déclarer pour voir avec eux les solutions de remplacement. C'est un réel gain de temps sur le coup de feu !

P-S : Profitez-en pour avertir vos invités de rapporter leurs Tupperware ou prévoir des poches sous vide.

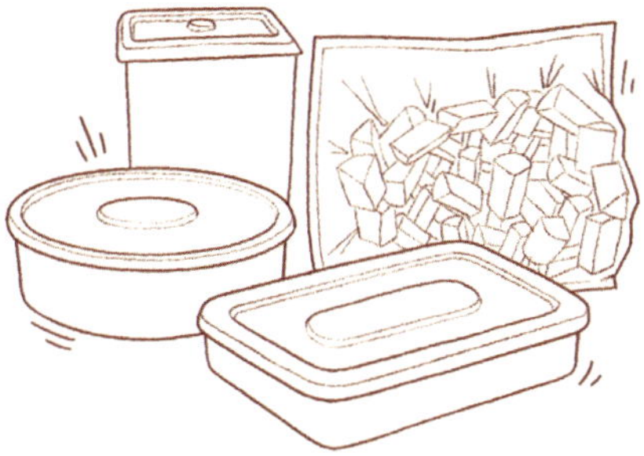

lieu de location
Si votre fête se passe ailleurs que chez vous, posez-vous la question des autorisations nécessaires : bruit, bbq... Obtenez le plus d'informations possible sur les équipements de cuisine et de service disponibles. À titre d'exemple, ça serait dommage de se priver d'une plonge professionnelle parce que vous n'avez pas acheté le produit compatible. Enfin, renseignez-vous sur les accès et le stationnement, très important si vous êtes chargé. Pour un repas en extérieur, ne négligez pas l'éclairage et la fraîcheur de la nuit tombée.

départ et arrivée
Communiquez bien en amont les horaires de départ et d'arrivée à vos invités et évitez au maximum les arrivées en avance qui vont vous perturber dans l'organisation.

repas d'équipe
Si vous prévoyez une brigade en cuisine, prévoyez dans vos courses et dans votre budget les repas de l'équipe. Essayez de mutualiser ces repas avec les ingrédients du menu. C'est l'occasion de tester vos recettes.

4. téléphone et carte bleue
commandes et courses

Parenthèse logistique refermée ! Une fois le menu bouclé, rassemblez et commandez les ingrédients.

rassembler et optimiser
Rassemblez les ingrédients du menu selon les fournisseurs. Listez ce qui peut être sous-traité comme la pâte feuilletée, les buns, certaines charcuteries, etc. Vous gagnerez du temps et ferez fonctionner l'économie locale. Imprimez une liste de courses par fournisseur. Ça permet d'y voir plus clair et de faciliter le pointage au moment de la livraison. Soyez prêts à bouger : si une promotion se présente ou que la saison favorise un légume plutôt qu'un autre, n'ayez pas peur de faire évoluer vos recettes. Remplacer des abricots abîmés par des mirabelles gorgées de soleil n'est pas une mauvaise idée.

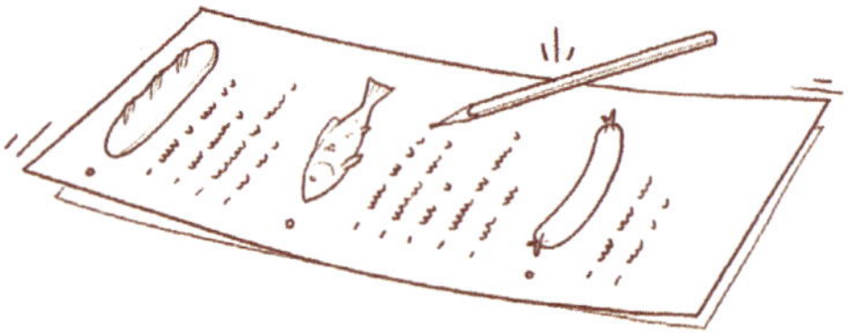

commander
N'arrivez pas chez votre maraîcher la bouche en cœur et votre liste de courses en poche la veille de votre repas ! Appelez en avance, prévenez de votre commande, demandez conseil, assurez-vous que tous vos ingrédients sont disponibles. Le fournisseur n'est pas pris au dépourvu et pourra mieux répondre à vos besoins. Vous pourrez bénéficier de meilleurs produits et d'un service détendu. Il sera plus enclin à vous faire profiter d'un geste commercial.

Pour éviter les mauvaises surprises au moment de payer, demandez un devis ou les prix au kilo. Vous pourrez ajuster votre commande en fonction. Donnez toujours le même nom, prenez le temps de discuter, soyez curieux, créez le lien.

Au fur et à mesure des événements, une relation privilégiée va s'installer avec vos fournisseurs. Par exemple, il est très agréable de ne plus avoir à se déplacer pour donner une avance car des rapports de confiance se sont installés.

Dites oui à toute proposition qui vous fera gagner du temps : écailler un poisson, parer une viande, etc. Si possible, centralisez. Même si le boucher A propose les meilleures merguez et le B les meilleures chipolatas, ne vous compliquez pas la vie !

Prévenez vos fournisseurs de votre heure de passage ! Demandez si vous pouvez couper la file d'attente et vous garer au plus proche. Il sera plus enclin à vous faire gagner de précieuses minutes s'il n'est pas pris au dépourvu.

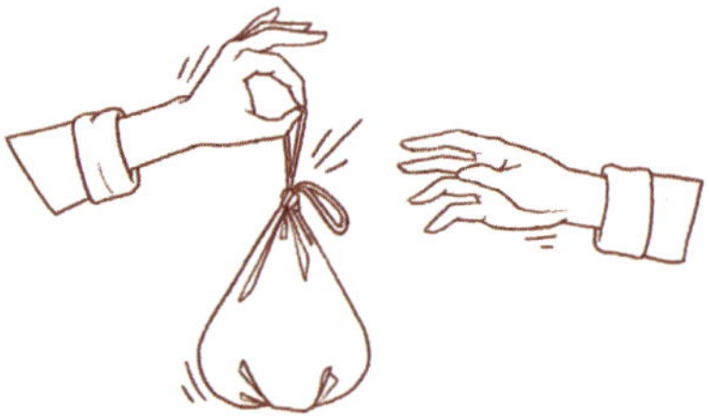

focus paiement
Pensez à payer en CB pour garder une trace sur votre compte, ça facilitera la répartition ou le calcul final. Prenez le réflexe de photographier chaque ticket de caisse dès que possible. Ils sont vite perdus dans la cohue des préparatifs. Soyez sûr que votre mode de paiement sera accepté. Pas besoin de s'ajouter du stress supplémentaire.

5. cagettes et vinaigre blanc
livraison, stockage, nettoyage

Accueillir les ingrédients d'un repas pour quarante personnes nécessite de la place et demande une bonne organisation.

réception
À réception des commandes, ressortez vos listes et pointez les ingrédients. Si quelqu'un manque à l'appel, appelez le fournisseur concerné immédiatement. Avant de ranger, débarrassez-vous des suremballages qui vont fatiguer votre frigo pour rien. Pour les viandes, poissons et produits laitiers, prenez en photo chaque étiquette et date limite de consommation. Si possible, gardez la facture/ticket de caisse de ces produits plusieurs jours après votre repas. N'oubliez pas de laver vos légumes avant de les stocker. Ce sont eux qui sont susceptibles de contaminer vos préparations. Référez-vous à la p.38 pour connaître en détail les règles d'hygiène.

rangement
Les légumes, comme les œufs, n'ont pas besoin d'être placés au frigo. Stockez-les dans un endroit frais et ventilé. Évitez de les ranger dans des cartons ou des cagettes. Privilégiez des bacs inox ou plastique.

Rassemblez le sec au même endroit (pâtes, riz, lentilles, chocolat, farines, etc.). Si possible, stockez les conserves en métal en dehors de la cuisine.

Dans un frigo, l'idéal est de consacrer un étage à une famille d'ingrédients (la viande, le poisson, les produits laitiers). Rangez toujours les ingrédients de la même manière afin de créer des réflexes. Regroupez les ingrédients ensemble (tout le bœuf ensemble, le porc ensemble, etc.). Regardez les dates limites de consommation et mettez les dates les plus proches sur le devant pour les passer en priorité.

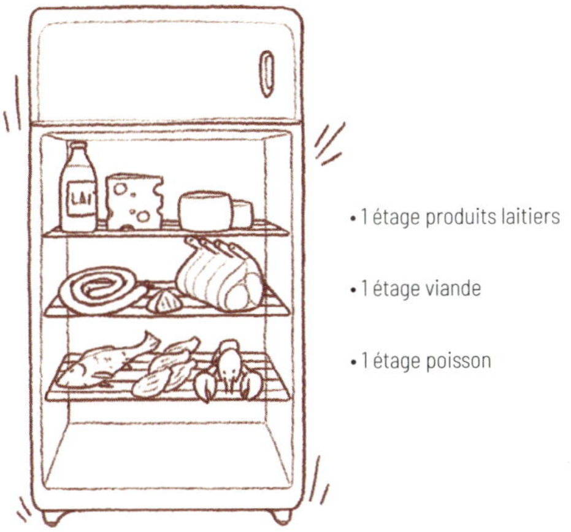

Installez des thermomètres dans chaque frigo et dans les espaces de stockage pour vérifier les températures.

Si possible, réservez un frigo pour les produits une fois transformés ou placez-les dans un espace dédié, loin des viandes et poissons crus.

astuce
Disposez des étiquettes avec un nom ou un numéro sur chaque frigo et chaque étagère. La communication avec votre équipe sera largement simplifiée !

6. organisation
ORT et mise en place

Vous avez superbement préparé le terrain et vous voici enfin en cuisine, prêt à en découdre !

focus ORT
En cuisine, on appelle ORT l'organisation rationnelle du travail. Il s'agit de la réflexion que tout cuisinier doit avoir pour optimiser au mieux les tâches nécessaires à la réalisation de son menu. Elle prend en compte plusieurs critères comme l'hygiène, les temps de préparation, de réalisation, de cuisson, de stockage, etc.

L'organisation rationnelle du travail vous évitera de vivre un cauchemar en cuisine ! Les deux principes majeurs de l'ORT sont la mise en commun des tâches et l'anticipation. Pour gagner du temps, certaines actions communes à plusieurs recettes peuvent être réalisées au même moment : laver, peser, etc. Identifier les préparations qui peuvent être réalisées en avance et celles qui doivent être réservées au dernier moment vous apportera plus de sérénité.

en amont
Avant de commencer bille en tête, vous devez vous assurer de travailler dans des conditions optimales. Passez un coup de lavette et de vinaigre blanc sur les plans de travail. Assurez-vous que le sol et le matériel soient propres.

le rond d'équipe pour établir la feuille de route
Que vous soyez seul ou accompagné, il est essentiel de définir l'ordre du jour et de lister vos objectifs : ce que vous devez faire dans la matinée ou la journée. Si vous êtes plusieurs, répartissez les tâches. Assurez-vous que chacun a bien compris sa mission. Notez sur une feuille le déroulé de chaque mission avec le nom de son responsable. Affichez en cuisine cette feuille de route, elle vous donnera une vision globale de ce qu'il reste à faire et matérialisera vos avancées. Voir réduire le nombre de tâches vous donnera du cœur à l'ouvrage. Cette feuille de route fera aussi office de pense-bête. Avec elle, vous êtes sûr de ne rien oublier !

comment on fait une bonne feuille de route ?
En cuisine, on sépare la mise en place et l'assemblage. La mise en place, c'est la préparation de tous les éléments nécessaires à la réalisation de chaque recette : sauce, condiment, accompagnements, garnitures, découpes, marinades... L'assemblage, c'est la réunion de toutes les mises en place d'une recette. Il peut se faire en avance ou à la dernière minute pendant le coup de feu.

Une bonne feuille de route doit s'organiser de manière chronologique, rassembler les actions communes à plusieurs recettes et assigner chaque tâche à un cuisinier de manière à préparer le plus efficacement possible les mises en place. Vous devez vous avancer suffisamment, sans pour autant aller trop loin. Par exemple, ne mélangez jamais la sauce avec la salade en avance !

À côté de la feuille de route, il vous sera utile d'afficher une liste de courses sur laquelle vous noterez au fur et à mesure les ingrédients manquants.

les recettes

Prenez soin d'imprimer vos recettes. Affichez-les en cuisine. Une feuille par recette, ça évite les embouteillages derrière un livre ou un classeur. On se méfie des recettes sur téléphone : moins pratique, réseau aléatoire et plus difficile d'apporter ses corrections.

chronologie

On commence toujours par ce qui prend le plus de temps. Lancez les cuissons longues : pendant que les casseroles ou les fours chauffent, vous pourrez vous avancer sur d'autres tâches. Essayez d'avancer sur plusieurs opérations en même temps : une tâche active qui occupe vos mains (comme une découpe) et une tâche passive qui occupe votre attention (comme une casserole sur le feu). Si possible, gardez-vous les opérations faciles et rapides pour la fin. Elles vous redonneront du courage !

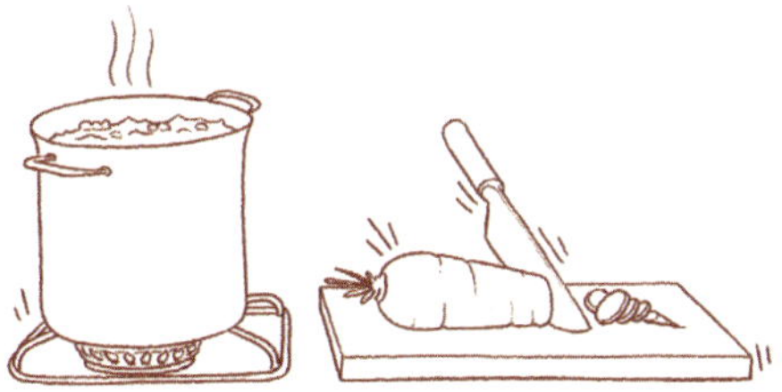

rôles

Souvent, un commis est chargé des mises en place de l'intégralité d'une recette. Mais cette organisation n'est pas toujours possible. Parfois, un commis est assigné à une machine plutôt qu'à une recette. Dans ce cas, une bonne communication est essentielle pour avoir une vision globale de ce qui a été fait.

pauses

Faites des pauses ! C'est essentiel pour souffler et faire le point sur les avancées. C'est aussi un bon moment pour questionner la brigade et vous assurer que tout le monde avance dans la bonne direction.

mise au propre

Lorsque vous avez terminé une tâche, pensez à laver brièvement les plans de travail et le matériel. Rangez et stockez les préparations terminées. Ce rapide coup de propre vous videra la tête et vous permettra d'y voir plus clair. Après la pause, c'est aussi plus facile de s'y remettre si la cuisine est propre est rangée.

goûter, goûter et encore goûter

Un restaurant, il propose le même menu, dans la même cuisine, avec les mêmes fournisseurs, toute une saison durant. Pour vous, c'est du direct et c'est sans filet ! Vous réalisez certaines recettes pour la première fois, vous ne connaissez peut-être pas les cuisines, vous travaillez avec du matériel et des produits nouveaux et vous n'avez pas l'habitude de la quantité. Pour éviter un plat fade ou trop salé, goûtez chaque étape de vos préparations.

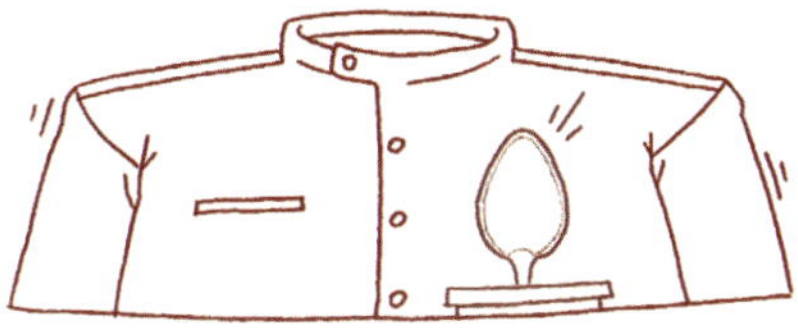

éviter les catastrophes
Cassez toujours vos œufs séparément avant de les ajouter à votre préparation. Ça évite qu'un œuf pourri ne condamne tout votre appareil. Sentez poissons et viandes à l'ouverture, ainsi que les produits laitiers. Ces petites précautions sauveront des heures de travail et une grande quantité d'ingrédients.

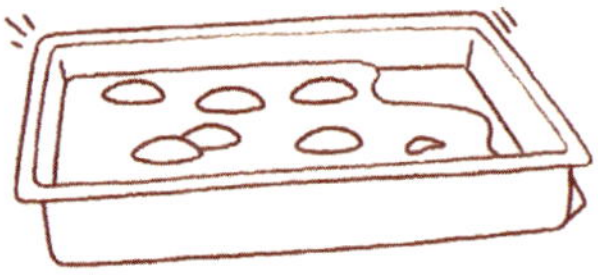

étiqueter
Vos mises en place doivent être facilement identifiables par tous les membres de la brigade. Procurez-vous des étiquettes et des marqueurs pour écrire sur le film étirable ou directement sur les couvercles. La communication sera plus fluide et les erreurs d'aiguillage évitées, par exemple que la harissa remplace le ketchup maison dans les burgers. Si plusieurs recettes utilisent le même ingrédient ou la même préparation, renseignez-le aussi et indiquez le nom de la recette.

un exemple, un test, une répétition
Une image vaut mille mots. Faites la démonstration des gestes technique à vos collègues et montrez si possible un exemple de ce que vous attendez.

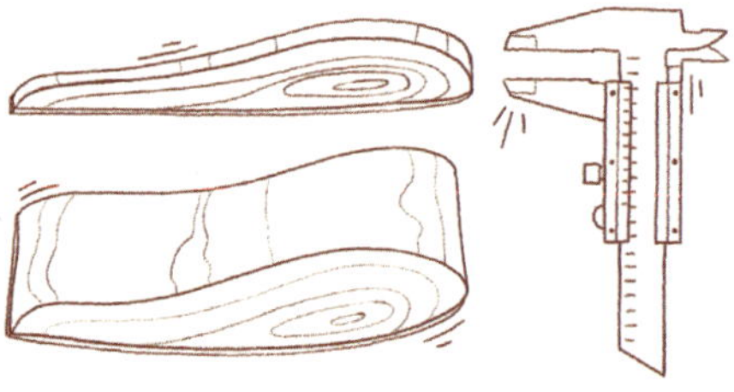

Si vous optez pour un assemblage final complexe, comme la conception d'un burger ou le dressage d'une jolie assiette, si vous n'êtes pas sûr de vous et redoutez une opération lors du coup de feu, entraînez-vous jusqu'à maitriser parfaitement tous les gestes. Avec votre équipe, répétez, goûtez, échangez. Ça renforcera la cohésion du groupe et vous serez plus efficace le jour J.

Demandez aux membres de la brigade à quels postes ils se sentent le plus à l'aise. Et prévenez-les suffisamment tôt du rôle qu'ils tiendront. Plus ils auront du temps pour se projeter, plus ils seront investis !

temps de chauffe à rallonge
Méfiez-vous des temps de cuisson annoncés dans les livres de recettes. Ils sont valables pour des recettes réalisées avec du matériel professionnel et des plats qui n'ont pas d'inertie et qui restituent directement la chaleur. Le plus souvent vous devrez rallonger les temps de cuisson. Attention, plus votre four est rempli, plus la cuisson prend du temps.

gestes et astuces en cuisine

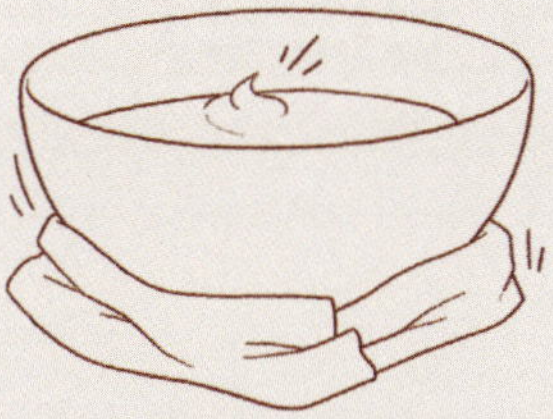

Un torchon enroulé sur lui-même pour caler le cul-de-poule. Les deux mains sont alors disponibles pour réaliser la mayonnaise.

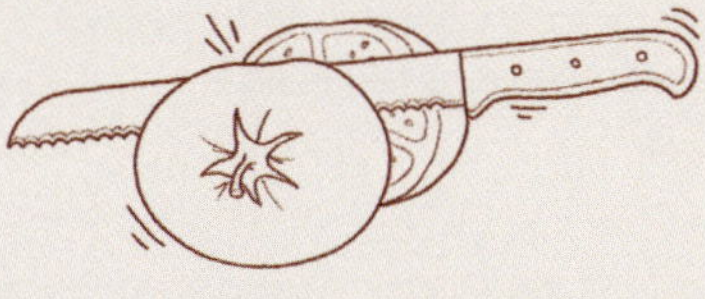

Un couteau à pain pour couper des tranches de tomate.

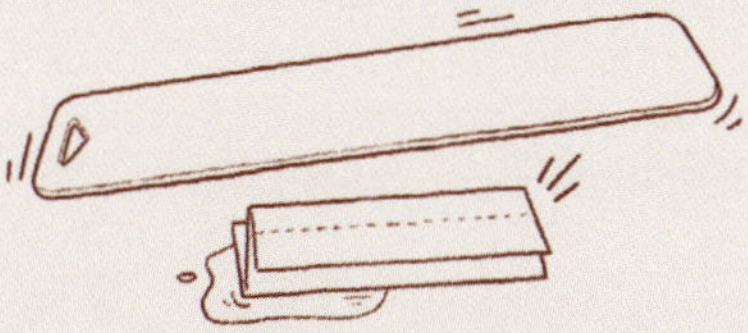

Un torchon ou du papier essuie-tout mouillé, plié et posé sous une planche à découper pour la stabiliser.

Secouer une dizaine d'aulx entre deux culs-de-poule pour les effeuiller plus facilement.

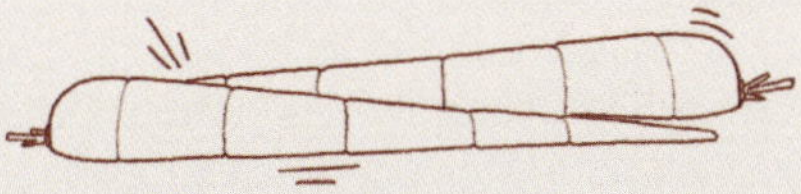

Couper un légume sur la longueur, puis le disposer tête-bêche pour couper les deux parties en même temps.

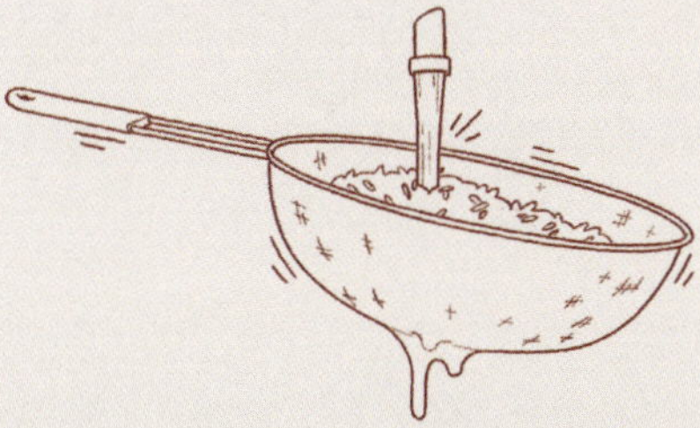

Précuire pâtes et riz en avance et les rincer à l'eau claire afin d'enlever l'amidon et d'éviter qu'ils collent en refroidissant.

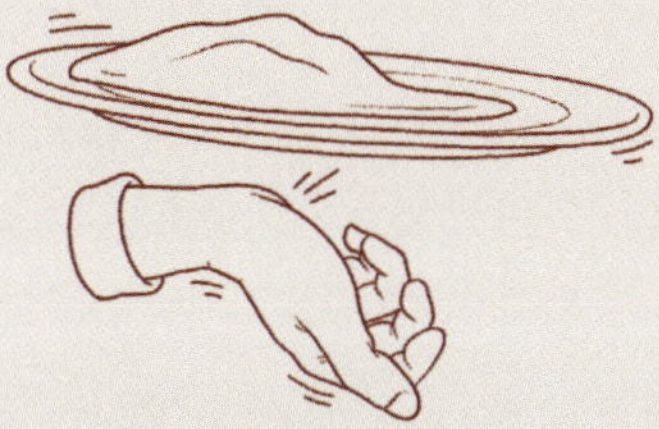

Tapoter sous une assiette de purée, de soupe ou de sauce pour la répartir de manière homogène.

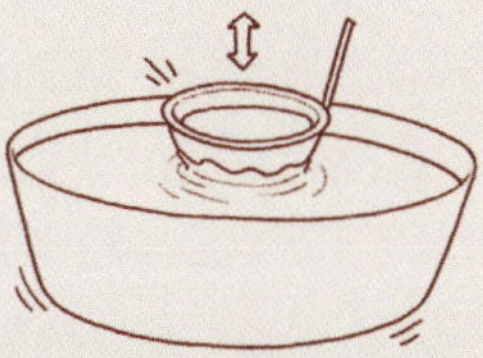

Tremper le dessous d'une louche pour retenir la goutte qui risquerait de tacher au dressage.

7. bacs et glacières
stockage et trajet (s'il y en a)

Une fois les ingrédients transformés,
les places au frais sont de plus en plus recherchées.

la guerre des frigos
SI vous avez de la place et du temps, équipez-vous de frigos supplémentaires. Vous en trouverez à moindres frais en mettant à contribution votre entourage ou sur certains sites qui proposent des dons.

écarter ce qui n'a pas besoin de froid
Ne placez au froid que ce qui le mérite. Pour le pain et autres produits de boulangerie, entreposez-les dans un endroit frais et ventilé en plaçant un torchon propre dessus.

L'été, certains produits se retrouvent au frigo pour les protéger des mouches. Investissez dans des cloches alimentaires ou des garde-manger à fromage pour faire de la place.

Une fois cuisinés, légumes, produits secs et conserves doivent prendre place dans les frigos et c'est là que ça bouchonne sévère !

privilégier les ingrédients sensibles
On a beau préférer notre verre de blanc frais, privilégiez toujours les frigos pour la cuisine. Les bouteilles seront très bien dans un seau/une poubelle remplie de glaçons ! Pour désengorger les frigos, les produits les moins sensibles peuvent prendre place dans des glacières avec des briques de gel glacées, pas des glaçons qui fondent (pickles, moutarde, vinaigrette, anchois...).

optimiser les espaces
Procurez-vous un grand nombre de contenants de tailles diverses pour qu'ils s'adaptent à toutes vos préparations. Si possible avec des couvercles pour pouvoir les superposer. Moins écologique, mais très efficace pour optimiser la place : stockez les préparations dans des poches pâtissières ou sous vide. L'air expulsé libère de la place et les temps de conservation sont rallongés. N'hésitez pas à les utiliser aussi pour faire vos marinades ! Par précaution, placez un plateau à chaque étage du frigo. On évite la catastrophe en cas de poche percée. Et enfin, on fait la chasse aux doublons : pas trois briques de lait ouvertes en même temps !

bacs gastro et remplaçants

Cuisiniers et traiteurs utilisent généralement des bacs gastro en inox qui n'ont presque que des avantages :

• acier inoxydable, pour éviter tout développement microbien ;

• matériau neutre qui ne modifie pas les goûts ;

• compatibles au froid pour les mettre directement dans les armoires froides ;

• compatibles au chaud pour les utiliser comme plat de cuisson ;

• avec des tailles standards adaptées aux matériels professionnels : armoires froides, fours, échelles de stockage, véhicules professionnels.

Ils sont l'unité de mesure des cuisines professionnelles et tout est pensé selon leurs standard.

Si vous cuisinez dans une cuisine professionnelle, le bac gastro est le plus adapté. Cependant, il a un certain coût. Méfiez-vous des bonnes affaires, surtout sur Internet, qui parfois ne respectent pas les dimensions standards.

Si vous avez le temps, notre astuce est de faire les mises aux enchères de cessation d'activité pour se procurer ce matériel à moindre coût.

Dans une cuisine domestique, qui s'éloigne des normes professionnelles, les bacs gastro sont moins indispensables. Pour des plats de cuisson, regardez dans les brocantes, les sites d'occasion. Les bouchers/charcutiers ont également pour habitude de proposer à leur clientèle leur plat à terrine pour des sommes modiques, idéales pour des gratins.

Pour transporter vos aliments ou pour mélanger des grosses quantités, les caisses des magasins de bricolage, neuves et bien nettoyées, sont idéales. Une grande chaîne de mobilier suédois propose des immenses bacs, pour une somme modeste. Ils sont parfaits pour mélanger un taboulé ou une salade composée.

stockage trajet

Si vous devez transporter votre mise en place, le top, c'est d'avoir accès à un véhicule frigo. Si c'est impossible, transportez les produits sensibles en glacière. Pour les aliments volumineux comme un cochon de lait, utilisez des glacières de pêcheur avec de grandes dimensions. Les boîtes traiteur pliantes utilisées par les pâtissiers permettent de transporter délicatement les préparations les plus fragiles. Vos mousses et autres préparations à tartiner peuvent être stockées en poches pâtissières. Elles seront bien protégées et prêtes à l'emploi !

6 gammes de produits
→ 6 règles de conservation

1. PRODUITS FRAIS BRUTS, NON TRANSFORMÉS (VIANDES, POISSONS, FRUITS ET LÉGUMES).
→ Se conservent au frais et à température ambiante.
2. PRODUITS EN CONSERVE.
→ Se conservent entre 2 et 5 ans à température ambiante.
3. LES PRODUITS SURGELÉS.
→ Se conservent au congélateur à -18 °C.
4. PRODUITS CRUS SOUS VIDE OU PRODUITS À ATMOSPHÈRE MODIFIÉE.
→ Se conservent en moyenne 8 jours au réfrigérateur.
5. PRODUITS CUITS OU PRÉCUITS (PLATS PRÉPARÉS CONDITIONNÉS SOUS VIDE).
→ Leur durée de conservation dépend du mode de conditionnement.
6. PRODUITS DÉSHYDRATÉS, LYOPHILISÉS.
→ Peuvent se conserver plusieurs mois à température ambiante.

8. préparation des lieux
circulation et disposition

Vous avez déjà repéré les lieux, maintenant il faut les préparer. Déchargement, circulation, mise en place et placement des convives, tout ça... c'est maintenant !

l'espace
Anticipez les déplacements des convives de manière que la circulation soit fluide. Cela va conditionner l'emplacement des buffets et des ateliers. Choisissez des places stratégiques : les buffets et les ateliers doivent être visibles, centraux, sur un emplacement plat et dégagé, situés pas trop loin des tables ni des cuisines et, bien sûr, ils doivent faire face aux invités. Pensez aussi à l'éclairage si ça se passe le soir et n'oubliez pas le barnum en cas de pluie !

Si vous avez prévu des ateliers avec du matériel dangereux — friteuse, plancha, barbecue — faites en sorte qu'ils ne soient pas en contact direct avec le public. Prévoyez des glacières avec les stocks de service, bien accessibles pour vous, mais hors champ pour les invités. Une dernière chose : la sortie de secours ! Vous devez pouvoir sortir rapidement de votre poste de travail pour aller vers les convives en cas de besoin.

disposition des plats et boissons
Si vous êtes en équipe, déléguez cette partie à un pragmatique.

Sur un buffet, réfléchissez à vos plats « stars », ceux qui vont se faire dévorer. Placez-les de manière à pouvoir les réapprovisionner facilement si besoin.

Privilégiez plusieurs plats de taille moyenne plutôt qu'un énorme plat qui aura tendance à écraser les préparations fragiles, à favoriser les embouteillages et à inciter au gâchis.

Comme pour une photo de classe : disposez les plats les plus hauts derrière et les plus petits devant.

N'hésitez pas à tester les emplacements avec des plats vides pour trouver la disposition optimale.

Eaux, vins, jus, disposez toutes les boissons avant le coup de feu pour ne plus avoir à vous en occuper.

Une astuce : éloignez suffisamment les boissons du poste de service pour répartir le monde de manière homogène.

Proposer des eaux infusées à disposition dans de grosses bonbonnes est un bon moyen de faire patienter les invités avant le service. Si vous avez des tireuses à bière, réglez le débit au minimum et ne les laissez pas en libre-service. Il faut avoir le coup de main pour ne pas rater sa pression. Prévoyez un nécessaire de nettoyage à proximité des boissons pour éloigner guêpes, mouches et autres intrus.

Notre conseil : ne cherchez pas à faire trop pro. Une disposition naturelle donnera un côté simple et authentique à vos tables et buffets.

vaisselle et décoration

La décoration imprègne l'espace. Elle contribue à créer l'ambiance que vous souhaitez proposer à vos invités. Nappes, serviettes, vaisselle, bougeoirs, bouquets sont autant d'éléments avec lesquels vous pouvez jouer et qui peuvent tout changer.

Affirmez une vaisselle dépareillée. Privilégiez du solide et du traditionnel. Ne sortez pas l'argenterie ni le cristal, Duralex et plats en grès ça marche ! La vaisselle populaire vintage se trouve facilement et ne coûte rien. Bannissez les matières plastiques cassantes et peu photogéniques. Les Gasaa (plats en bambou) peuvent également être une bonne solution.

Procurez-vous de belles nappes (d'occasion) pour masquer vos raccords de table. Choisissez-les bien larges, pour qu'elles cachent tout le bazar, matériel encombrant et les grandes poubelles de cuisine que vous aurez placées sous le buffet. Agrémentez vos tables et/ou buffets de chandeliers, bougeoirs et vieilles cruches.

Prenez le temps de cueillir quelques bouquets à planter dans un vase et ramassez des feuilles mortes pour décorer la table. Ce sera l'occasion de prendre un peu l'air avant le coup de feu. Soyez inventif, utilisez ce que vous avez sous la main. Vous trouverez quelques conseils supplémentaires sur le choix des nappes, de la vaisselle et des éléments de décor p.56.

Si vous prévoyez un atelier de cuisine, avec de la découpe, du montage et autres manipulations, pensez pratique. Ne parasitez pas l'espace avec de la décoration qui pourrait gêner vos mouvements.

libre service

Pendant le service, vous n'allez pas être très disponible : assaisonnements, serviettes, couverts, poubelles, tout doit être à sa place et bien visible pour vous éviter des sollicitations permanentes.

Laissez couverts, serviettes, sel, poivre, sauces et pain (coupé un peu en avance) à disposition.

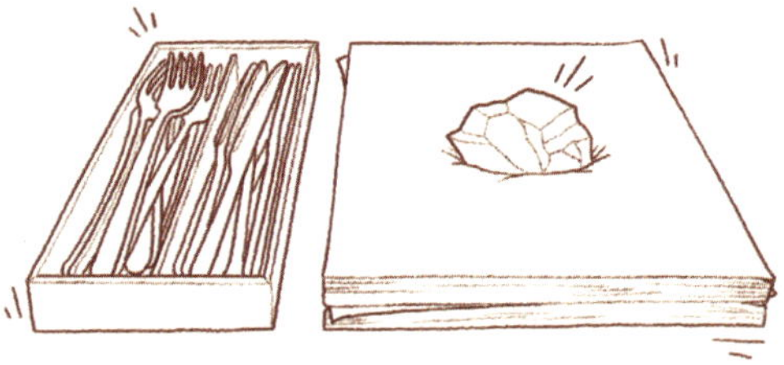

Écrivez, renseignez, rendez tout visible ! Rien de plus énervant que d'être interpellé en plein coup de feu pour savoir où est la moutarde, alors qu'elle est juste là sur la table. Ça ne semble rien, mais ça suffit à vous déconcentrer et à perturber un service. Attention, gérez bien vos stocks si vous êtes limité. Préparez des réserves et mandatez quelqu'un pour faire du réassort au fur et à mesure.

mise en place
Tout comme pour les plats de service et la vaisselle, anticipez le placement de vos mises en place et de votre espace de travail. Des plans dégagés, des outils qui tombent sous la main, les récipients qui contiennent les mises en place doivent être disposés de manière logique et chronologique par rapport à l'assemblage/le dressage prévu. Par exemple, pour un burger, la compotée d'oignon précède le steak, puis le cheddar et enfin la sauce. Lorsque tout est à sa place, les gestes sont automatiques et vous êtes bien plus efficace.

Ça y est, tout est prêt. Prenez un temps pour échanger avec votre équipe sur la disposition des lieux et du service. Assurez-vous que tout est bien clair pour tout le monde. Un dernier passage en cuisine, puis c'est le coup de feu !

☑ **pense-bête hygiène**
gants, essuie-tout, lavettes, vinaigre blanc, seaux, désinfectants mains, couvre-chef, serpillière et balai/balayette

☑ **pense-bête gestion des déchets**
sacs poubelle, poubelles de service, boîte compost, papiers ou tableaux pour légender les poubelles et le tri

☑ **pense-bête du cuisinier**
couteaux, planche à découper, poches pâtissières et élastiques, ciseaux, briquet, tabliers, économes, chaussures de sécurité, vêtements de cuisine, stylos, marqueurs, montre, téléphone chargé, sac pour affaires personnelles

☑ **pense-bête de la mise en place**
gastros ou plats vides, aluminium, film alimentaire, cuillères, essuie tout, torchon pour manipuler le chaud

☑ **pense-bête les indispensables du menu**
liste des éléments à emporter, feuille du déroulé du repas, liste des allergènes, menus, ardoise et craies

☑ **pense-bête pour les tables**
couverts, contenant pour couverts, assiettes, verres, nappe, fixation nappes, serviettes, poids pour tenir les serviettes, plats de service, récipient pour eau et décoration, essuie-tout, pelle et balayette pour catastrophes

☑ **pense-bête décoration**
lampions, bougies, bouquets de fleurs (fleurs séchées), bocaux vides, scotch, cutter, rouleau de kraft

9. couteaux et chauffe-plats
les finitions

Dernier passage en cuisine ! C'est le moment de finaliser les plats ou les assiettes. Le coup de feu approche !

de retour en cuisine pour la fin des opérations
Il reste quantité de petites choses à préparer. C'est le moment de faire tout ce que vous n'avez pas pu anticiper pour des raisons d'hygiène ou pour préserver la qualité d'un produit : préparer un ceviche, découper les tranches de filet mignon, tartiner le tzatziki... Si vous ne jouez pas à domicile, vous aurez plus de détails à régler sur cette dernière ligne droite. Certaines préparations ont pu souffrir dans les transports. Il faut rattraper le coup et surtout rester calme ! Courage ! Vous tenez le bon bout. Maintenant, ce n'est plus qu'une question de minutes.

allumer le feu
Lancez les braises du barbecue, faites chauffer l'huile de la friteuse, chauffez la plancha, lancez le four, allumez les chauffe-plats. Tout ça prend du temps. Anticipez vos cuissons minute !

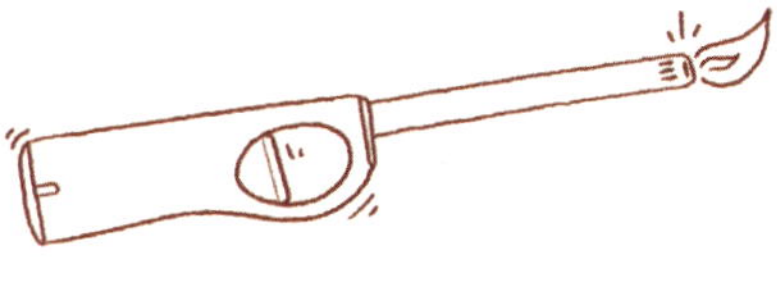

compte à rebours
Synchronisation des montres ! Si une heure de service vous est imposée, faites le décompte, mettez des alarmes sur vos téléphones pour ne pas vous laisser surprendre.

dernier round
Tout est calme avant le coup de feu ! C'est le moment de discuter avec votre équipe : assurez-vous que tout le monde connaît son poste. Ça va marcher comme sur des roulettes !

derniers tours de moulin
En cuisine, il ne doit vous rester que la finition : vérifiez vos assaisonnements, coupez les herbes fraîches, terminez les assemblages, finalisez à la poche à douille les derniers décors.

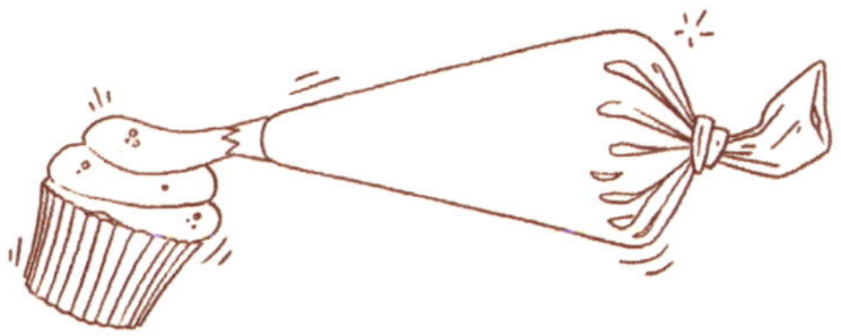

un modèle pour se projeter
Dressez une assiette type, montez un burger, assemblez la première brochette. Visualisez et répétez avec votre équipe les différentes étapes. Vous pourrez les enchaîner plus efficacement. C'est aussi l'occasion de grignoter un bout. Mais, si vous devez cuisiner pendant le service, on vous conseille de manger après, parce que faire un coup de feu le ventre plein a tendance à ralentir !

10. bang !
le coup de feu

Ça y est ! Vous y êtes ! Plus question de faire demi-tour.
Ils sont face à vous et affamés ! Les tempes vibrent, il fait chaud, vous êtes un brin crispé, c'est normal : c'est le coup de feu !

si vous avez opté pour un buffet...
Le plus dur est derrière vous, mais pas question de tout lâcher ! Profitez de vos invités, mais ne vous éloignez pas trop. Gardez un œil sur les plats qui se vident. Anticipez les manques et préparez le réassort. Si vous jugez qu'un plat a beaucoup trop de succès, temporisez, n'apportez pas la seconde tournée tout de suite, laissez les invités découvrir les autres préparations et se remplir un peu l'estomac avant d'envoyer le rab.

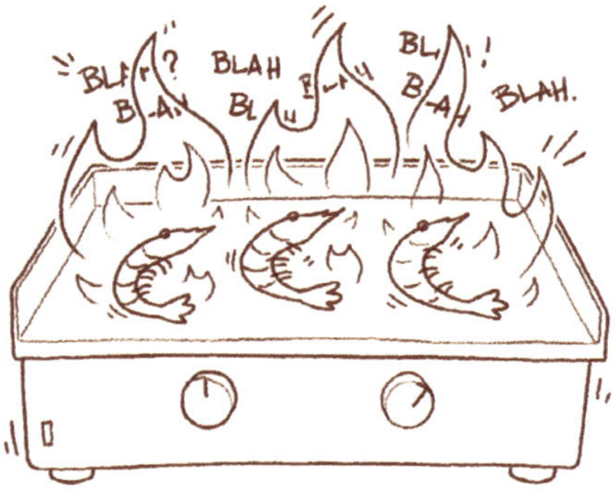

vous avez prévu du chaud pour votre buffet
Un conseil, sortez d'abord le froid (apéros, salades...). Vous serez moins agressé par les convives déjà rassasiés, quand vous allez sortir les brochettes fumantes !

pour les ateliers chauds dans un buffet
C'est le clou du spectacle, alors prenez votre temps ! Ne vous laissez pas intimider par l'attroupement de convives qui s'impatientent. Racontez des anecdotes sur la préparation, parlez de la recette, faites-les rêver. L'appétit s'ouvre aussi avec les oreilles ! Si vous prévoyez plusieurs ateliers, ne les lancez pas tous en même temps. C'est plus agréable pour les invités de ne pas avoir à choisir de faire la queue ici ou là. Car choisir, c'est renoncer ! Dès que vous sentez une baisse de rythme, débarrassez les plats, passez un coup de torchon et anticipez la suite.

vous avez opté pour des tables et du chaud
Des gratins fumants laissés en libre-service façon cantine et des tables déjà dressées, c'est le combo qui vous apportera le plus de tranquillité. Gardez quand même un œil sur les plats qui se vident, le réassort, c'est à vous de le gérer.

Si vous avez opté pour des brochettes au barbecue servies avec du maïs grillé et des tomates brûlées, c'est une autre paire de manches ! Entourez-vous de nombreux cuisiniers et dédiez une opération à chacun. Il va falloir assurer !

Enfin, si vous avez choisi de proposer un plat unique à servir à l'assiette, prévoyez une mise en place millimétrée et opérez par petites séries d'assiettes. L'astuce pour éviter les longues files d'attente, c'est d'appeler les tables les unes après les autres !

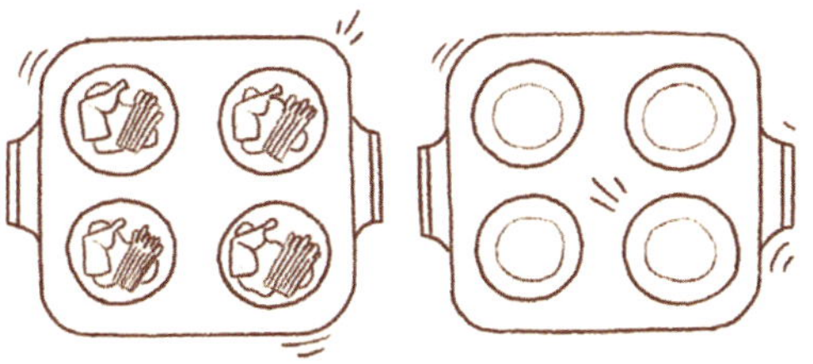

vous avez opté pour un plat de géant

Ce sera un plat unique adapté aux grosses quantités. Ici aussi, on vous conseille d'appeler par table et de servir à l'assiette. On évite ainsi le gaspillage du libre-service. Pour une bête à la broche, ne sous-estimez pas les temps d'installation et de découpe. Reportez-vous p.22-25. Vous y trouverez tous les conseils nécessaires à une organisation maîtrisée. Pour sortir de belles assiettes malgré la pression du coup de feu, réfléchissez au dressage en amont.

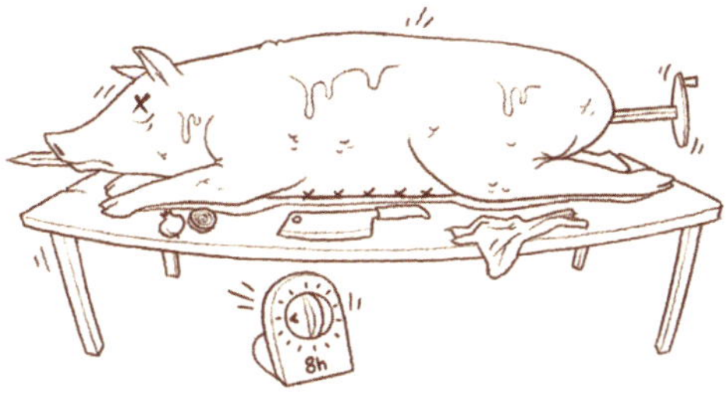

Si vous servez des plats comme la paella, ne sortez pas la louche façon grosse tambouille collective ! Vous avez travaillé pendant des heures, alors valorisez votre assiette. Préparez des toppings, des herbes fraîches, peut-être un cercle de dressage, bref, trouvez le juste milieu entre service rapide et assiettes léchées. Trouvez des phrases toutes faites pour faire face aux demandes de rab et aux gourmets qui veulent les meilleurs morceaux.

votre choix s'est porté sur du snacking, deux solutions opposées s'offrent à vous :

DES ATELIERS PARTAGÉS

Avant de lancer les ateliers, préparez minutieusement vos mises en place. Ça y est, vous y êtes ! Ça papote, ça ricane, tout se passe comme prévu. Ici, c'est vous le chef d'orchestre. Soyez disponible pour conseiller, rattraper, éviter les catastrophes. En parlant de catastrophe, quand tout le monde cuisine ensemble, on multiplie les risques d'accident : coupures et brûlures arrivent en tête. Les plus précautionneux auront la trousse à pharmacie bien en vue !

LA VOIE EXPRESS

Si vous avez choisi ce type de snacking (sandwish bành-mi, hot-dog...) c'est pour que ça aille vite ! Pas question de rigoler, nous, ce qu'on veut, c'est manger. Masterisez la mise en place, tout doit vous tomber sous la main. L'équipe à son poste, les gestes sont automatiques, répétitifs et millimétrés. Le moindre imprévu ralentira le service.

demandes particulières

Sur chaque événement, il y aura toujours Michel qui n'arrive pas à choisir entre la mayonnaise et le ketchup pour saucer son burger. Et voilà, ça bouchonne ! Proposer un choix, c'est se rajouter des difficultés. Limitez au maximum les variantes. Par exemple, si vous servez des burgers, ne proposez qu'une seule sauce. S'il y a des demandes particulières, n'en faites pas une priorité. Voir patienter l'intéressé devrait démotiver les suivants.

Sondez en amont les allergies et régimes spécifiques et servez-les tous ensemble au début ou à la fin du service.

Et si vous ne le saviez pas, les plus difficiles, ce sont les enfants ! Prévoyez un premier service spécial bambins.

faire face aux problèmes

ÇA SE COMPLIQUE

Un service qui se passe bien n'est pas un vrai service. Si par définition une catastrophe n'est pas prévisible, petit passage en revue de ce qui peut vous arriver.

UNE BELLE DAUBE !

Chaîne du froid non respectée, produit qui a tourné. Peu importe la raison, ça peut arriver. Il vous faut l'identifier immédiatement pour le sortir de la chaîne. Pour cela, on SENT tout ce qu'on ouvre, même en plein coup de feu, surtout les viandes, les poissons, les œufs et autres produits à risque. Au moindre doute, on bazarde !

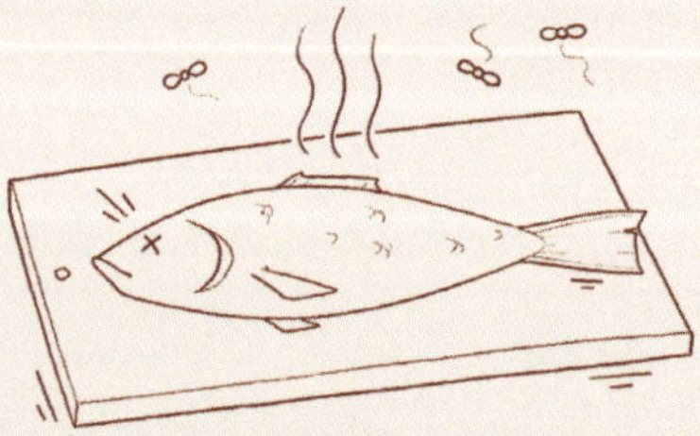

UN OUBLI

Malgré toutes vos check-lists, au moment décisif, il vous manque l'ingrédient essentiel. Deux solutions : vous avez le temps de vous procurer le précieux sésame, une petite course et le tour est joué !

Si vous êtes trop dans le rush, il va falloir être inventif ! Est-ce que vous pouvez faire sans ? En quoi cet ingrédient est-il indispensable ? Pour son goût, sa texture ? Trouvez un moyen de le remplacer avec ce que vous avez sous la main. C'est stressant, mais c'est comme ça que de nouvelles recettes se créent, et parfois, elles sont encore meilleures ! Si vous faites face à un produit qui a tourné ou à un essentiel oublié, n'hésitez pas à emprunter l'ingrédient d'un plat prévu plus tard (le soir ou le lendemain). Vous aurez tout le temps de le remplacer. Vous pouvez aussi sacrifier un peu du plateau de fromages ou piocher dans le buffet. Le plus important, c'est de colmater la brèche, alors tout est permis !

UN PROBLÈME TECHNIQUE

Parfois, c'est le matériel qui fait défaut. Mais soyons honnêtes, avant d'incriminer le matériel, c'est souvent notre capacité à gérer le matériel qui est la cause : oubli de lancer la chauffe, plus de recharge, non-compatibilité entre différentes technologies.

OH LE C** !!!

Oui, dans ces moments-là, on ne peut s'en prendre qu'à soi-même, car nous payons, en plein rush, notre manque d'anticipation. Vous apprendrez plus tard... Mais immédiatement, il faut trouver des solutions. Pour rattraper le temps perdu, faites avec ce que vous avez à disposition : chauffez l'eau avec une bouilloire, tenez au chaud avec des bains-marie de fortune. Coupez fin pour accélérer les cuissons, faites plusieurs tournées de plus petites quantités pour aller plus vite, pensez vite, pensez bien, cuisinez malin !

UN PROBLÈME DE QUANTITÉ

Vous êtes en plein service et vous vous rendez compte que vous allez être à court : mettez-en moins et rallongez si possible avec autre chose.

Disposés au milieu du buffet, vos plats vous semblent ridicules et minuscules ! Il faut créer du volume et pour cela , on a des astuces : salades et choux seront vos meilleurs alliés. Soyez généreux avec le pain : croûtons, tartines, bruschetta, sandwich, ça remplira les estomacs des plus affamés !

Et si ce manque était en fait symptomatique d'un grand succès ? Bravo, c'était délicieux ! Vous avez tout gagné !

11. le mot de la fin
rangement et *doggy bag*

Vous avez fini ! Bravo, c'était génial ! Galvanisé par le coup de feu, il vaut mieux ranger et nettoyer tout de suite. Encore un petit effort avant de vous poser et en profiter pleinement.

ranger
Buffets, repas assis, snacking, peu importe la formule, à un moment il faut ranger !

Un cuisinier range toujours sa cuisine. Déglacez les planchas au vinaigre blanc. Feux éteints, laissez refroidir le matériel. Tri sélectif, gérez les déchets. Mettez à tremper ce qui a accroché. Prélavez les plats à l'eau et au vinaigre blanc. Passez un coup de torchon et de nettoyant sur les surfaces et un coup sur le sol.

Si vous n'êtes pas chez vous, prenez des photos de la cuisine une fois *cleanée*. Ça fera office de preuve en cas de souci. C'est aussi le moment de distribuer les restes, enfin distribuer... Gardez-vous les morceaux de choix et faites passer le mot aux invités : les *doggys bags*, c'est par ici !

Pour la salle, il n'y a pas de règle, mais il y a du boulot ! Alors, faites-vous aider autant que possible.

la papotte/le débrief
Pour votre équipe, c'est enfin le moment de souffler et de célébrer tout ce travail ! Attrapez une bouteille ou deux, préparez-vous des assiettes stratosphériques et profitez de ce moment suspendu. C'est un instant précieux : LA papote de la soirée. Chacun raconte ce qu'il a vécu, exprime ses ressentis, les temps forts, les galères, les anecdotes et les fous rires. C'est magique de voir à quel point ces quelques heures de service sont riches en émotions. Au-delà du plaisir indéniable à débriefer, si l'exercice vous a plu, nous vous conseillons de prendre des notes pour avoir une trace des plus et des moins et vous améliorer pour la prochaine.

stocker
Ne procrastinez pas. Il y a encore un peu de travail.

Occupez-vous des restes. Stockez-les dans les frigos si nécessaire pour que rien ne se perde.

Si possible, rangez le matériel de location dans les voitures pour qu'il soit prêt à partir ou stockez-le dans un lieu sûr (ça serait dommage de perdre la caution dans les derniers instants). Chaque cuisinier récupère son matériel avant que tout soit mélangé ou éparpillé. Pour le matériel emprunté, restituez tout ce que vous pouvez sur place pour le reste, entreposez en sécurité.

Ça y est, c'est officiellement fini ! Vous avez géré votre repas d'une main de maître. Bravo ! Vous avez aimé ? Quel plaisir de construire le menu parfait qui s'accorde à la fois avec vos moyens, le lieu et qui régale les invités. Les rigolades en cuisine, la table magnifique à l'image de vos plats, l'énergie folle du coup de feu... Puis le débrief avec les copains autour des braises, pour enfin ranger méticuleusement tous ses outils chéris. Si vous êtes fatigué, mais gardez un sourire béat accroché aux lèvres, vous êtes officiellement mordu ! Reposez-vous et vivement la prochaine.

LES FOCUS ET POINTS À MAÎTRISER

l'hygiène
principes de base

Vous n'êtes pas un pro et cuisinez uniquement dans un cadre « domestique », ça ne change rien. Inspirez-vous des règles d'hygiène professionnelle et adoptez les bons réflexes pour éviter les catastrophes !

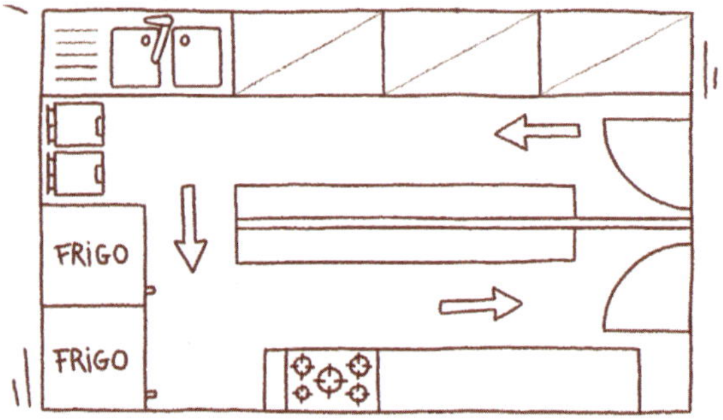

disposition optimale : sale et propre ne se croisent pas

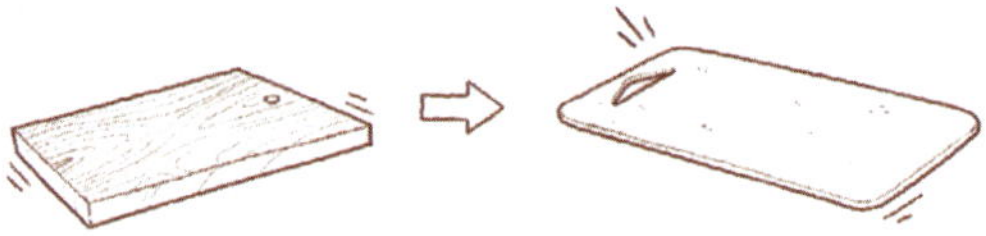

planches à découper :
le bois est remplacé par du plastique

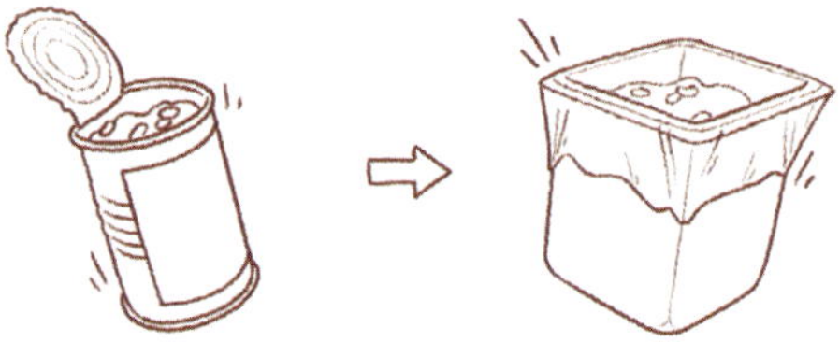

conserves : interdites en cuisine
ouvertes : les stocker dans un autre récipient

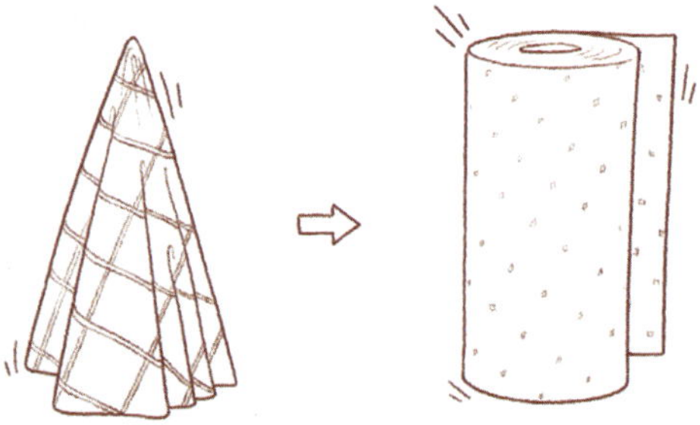

torchon : sert uniquement à sortir les plats du four
le tissu est remplacé par des feuilles jetables

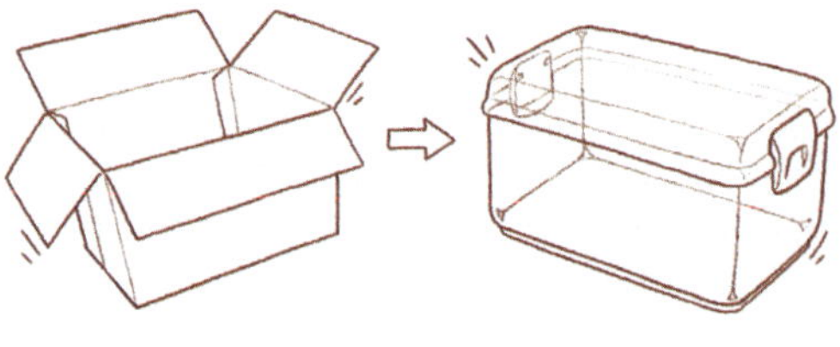

carton : remplacer par du plastique ou de l'inox

la marche en avant

La marche en avant est un principe très simple qui consiste à ne jamais croiser le sale et le propre, évitant ainsi les contaminations. Pour cela, deux solutions. La première, idéale : la disposition de votre lieu de cuisine permet au sale de ne jamais croiser le propre. La seconde, les lieux ne vous permettent pas d'éloigner le sale du propre, alors il vous faut traiter dans un premier temps tout le sale pour qu'il devienne propre (pendant ce temps de traitement, aucun propre ne doit être sorti et présent en cuisine).

les interdits en cuisine

Dans une cuisine professionnelle, certains produits et matériaux sont interdits, car ils peuvent participer aux transmissions et développements de bactéries. Des objets courants de la cuisine domestique n'ont pas leur place dans une cuisine professionnelle : planches à découper en bois, torchons et cartons sont par exemple bannis. Le sachant, soyez vigilant face à ces matériaux, ce sont ceux-là qu'il faut surveiller.

HACCP

La méthode HACCP, qui vient en aide au cuisinier pour garantir une hygiène optimale, a été créée dans les années 1960 par la NASA pour garantir la sécurité alimentaire des astronautes. Votre repas n'ayant pas lieu sur Saturne, on vous propose juste une formation accélérée.

En revanche, appliquez votre bon sens : cuisinez fenêtres fermées, évidemment pas d'animaux en cuisine et nettoyez régulièrement les plans de travail. Aussi, lavez-vous les mains, tout le temps !

le protocole HACCP repose sur 7 principes qui garantissent une maîtrise de la sécurité alimentaire.

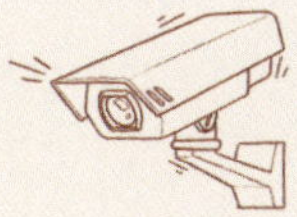

4. mettre en place une surveillance

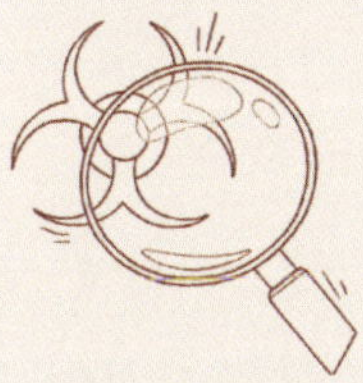

1. analyser les dangers

5. déterminer les corrections

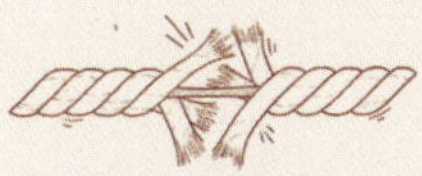

2. définir points critiques

6. vérifier l'efficacité des actions

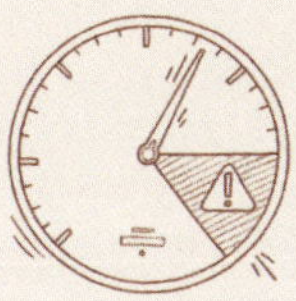

3. fixer les seuils

7. mettre en place un système documentaire

chaîne du froid

Concernant la chaîne du froid, c'est également le bon sens qui s'applique : trajet en glacière, mise au frigo le plus rapidement possible. Un ingrédient frais doit le rester tout au long de la préparation.

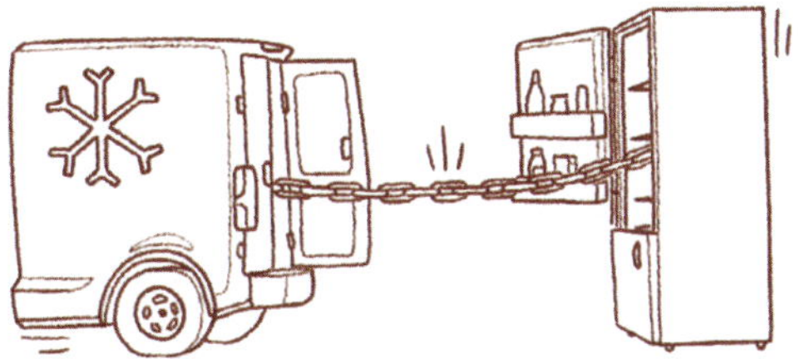

sortir les aliments au bon moment

De nombreuses recettes préconisent de sortir la viande en avance pour la faire revenir à la température ambiante, afin qu'elle soit plus détendue à la cuisson. Ces conseils ne sont pas compatibles avec une cuisine professionnelle. Les bactéries qui causent les toxi-infections alimentaires se multiplient plus rapidement entre 4 °C et 60 °C. Cette plage de températures constitue la zone dangereuse où les bactéries putréfiantes croissent le plus rapidement. On ne prend pas de risque et on sort nos viandes (et encore plus nos poissons) du frigo au dernier moment. De la même manière, si vous avez 20 kilos de poitrine de porc à nettoyer, ne sortez pas toute la viande, faites de petites tournées.

décongeler

Toujours pour éviter le développement des bactéries, ne décongelez jamais un aliment à température ambiante. La solution la plus sûre et qui préserve le mieux les saveurs, c'est la décongélation au frigo. Gare aux inondations ! Disposez toujours la pièce à décongeler dans un récipient adapté. Compter entre 12 et 24 h.

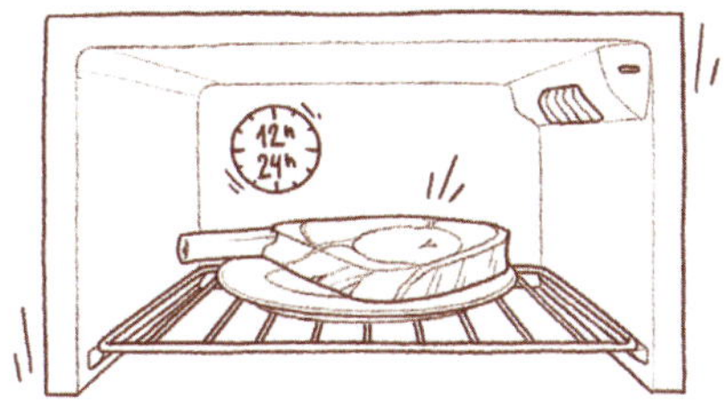

Si vous êtes pressé, la solution la plus rapide, c'est la décongélation au micro-ondes. Idéale pour décongeler des aliments cuisinés.

Et pour les moins équipés, il y a aussi la décongélation à l'eau froide. Enfermez l'aliment dans un contenant hermétique et immergez-le dans de l'eau froide. Changez l'eau toutes les 30 minutes. Si vous utilisez cette technique, cuisinez immédiatement l'aliment une fois décongelé. Idéale pour décongeler des aliments cuits ou bruts.

l'hygiène du cuisinier

Avant toute chose, chaque fois que vous entrez en cuisine, lavez-vous les mains. Dès que vous changez de poste également. Lavez tous vos instruments à chaque nouvelle opération. Un couteau qui a émincé des poireaux doit être lavé avant de couper des lardons ! Pareil pour une planche à découper. D'ailleurs, dans une cuisine professionnelle, chaque type d'aliment a sa planche à découper avec une couleur attribuée. Pour les robots ? C'est pareil : après chaque opération terminée, on le nettoie.

Comme certains matériaux et produits, il existe des règles et des interdits concernant la tenue du cuisinier. Bijoux et montres n'ont pas leur place (seule l'alliance est autorisée). Comprenez par là qu'on évite encore l'exposition aux bactéries et qu'il vous faut être à l'aise pour cuisiner. Quant à la montre, on vous conseille de la garder pour surveiller vos cuissons et le bon déroulé des opérations. Sabots de sécurité, vêtements en coton (ininflammables) : libre à vous de vous en inspirer ou non. En revanche, on vous recommande vivement de porter un couvre-chef, évitant les cheveux dans la soupe.

pas de montre (à nuancer pour traiteur)
cheveux couverts si possible
vêtements ininflammables recommandés
chaussures de sécurité recommandées
gants, pas indispensables mais rassurants

les économies
comment garder ses sous

Que vous régaliez tout le monde ou que les frais soient partagés, nourrir trois équipes de foot, ça peut cogner sur le livret A. Respirez, vous n'êtes pas obligé de casser la tirelire du petit pour son baptême, voici quelques solutions.

adieu aux conventions
Il n'y a pas si longtemps, le protocole vous obligeait à respecter un menu type à rallonge. Lequel commençait sa visite guidée par une déclinaison de charcuteries, puis on allait explorer les viandes blanches. S'ensuivait une escapade aux poissons pour repartir vers les viandes rouges, avant d'enchaîner avec une farandole de fromages. Et, comme on avait bu de la soupe pendant six mois pour payer le repas, pas question de se priver d'une pièce montée en dessert. La basse-cour, l'étang et tout le cheptel étaient passés dans le baptême du petit dernier. Le résultat? Une indigestion générale. Heureusement, des notions comme la santé, la satiété, l'écologie, la saisonnalité ou encore la décroissance ont commencé à apparaître. Aujourd'hui, un repas convivial ne signifie plus une cure de radis noir dans la foulée.

viandes et poissons choisis
Une viande et un poisson, ça s'apprécie. Rien ne vous oblige à en faire les ingrédients de tous vos plats. Bien au contraire, à la manière d'un chef d'orchestre, sachez mettre en scène leur apparition et soigner leur effet dans la composition de votre menu.

simple et bon
Pas besoin de mettre les petits plats dans les grands, faites simple et bon. *Exit* les ingrédients luxueux. Vous pouvez vous permettre quelques extras si vous les cuisinez vous-même comme un magret fumé (p.96), mais réservez le homard pour vos soirées en amoureux.Une éclade de moules va ravir tout le monde et préserver votre compte en banque.

produits de saison
C'est étrange, avez-vous remarqué que le raisin est moins cher quand c'est la pleine saison? Peut-être car il arrive sur les étals en abondance et à maturité, et qu'il n'a pas traversé la planète avec une escale à Dubaï... Mangez de saison et local.

promotion
Une promotion n'est pas un gros mot. Bien au contraire! Plein de raisons poussent un commerçant à baisser le prix d'un produit et ce n'est pas forcément que le produit est mauvais ou douteux. Sur stock, besoin de place, client faisant faux bond, votre fournisseur vous dira merci d'avoir joué le jeu.

tout est bon dans le cochon
Carottes: fanes en pesto, chips de pelures, purée de la chair. Sachez être ingénieux et avant de jeter tout ou partie d'un ingrédient, demandez-vous comment en faire une nouvelle recette.

fouzitou
Vous savez comment on se paie nos Flik Flak en diamants? Grâce aux fouzitou pardi! C'est pour cela que la restauration a inventé les menus du jour, les farces, les soupes, les purées, les cakes et autres quiches, car elles permettent de recycler tous les restes qui traînent.

volume
Avec des salades ou des choux, constituez du volume pour les yeux et rassurez les ventres sur pattes. Avec de la semoule ou des pommes de terre, remplissez-moi ces ventres. Il vous faut des ingrédients pour rassurer, des ingrédients pour caler et des ingrédients pour déguster. L'erreur serait de vouloir tout faire avec des côtes de bœuf, c'est possible, mais ça pique...

garder ses préparations chaudes
nos conseils

Quand les places au four sont limitées il faut prioriser et tenir au chaud les préparations qui peuvent le supporter.

identifier les préparations à réaliser minute
Pendant votre ORT, p.22, vous aurez identifié les préparations à réaliser minute (comme une grillade ou une friture) et les préparations qui peuvent être cuites en amont et juste réchauffées ou tenues au chaud (une purée ou une quiche par exemple).

four
Un four domestique à plus de 60 °C pourra tenir chaudes vos préparations, qui continueront tout de même à cuire légèrement. Attention, un four assèche; pour les longues durées, enveloppez de papier cuisson et/ou de papier boucher.

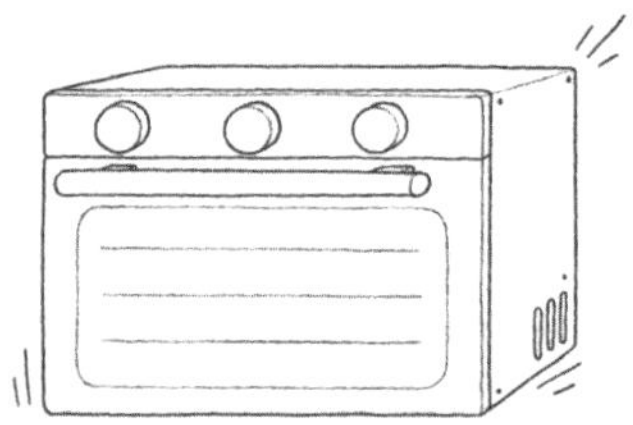

thermoplongeur
Équipé de thermoplongeur, vous libérez les fours. Sous vide et à température idéale, les aliment ne bougeront pas. En poche les préparations peuvent se faire en avance et être réchauffées dans le lieu de la fête, une prise électrique suffit. Vous pouvez utiliser des gastros comme récipients.

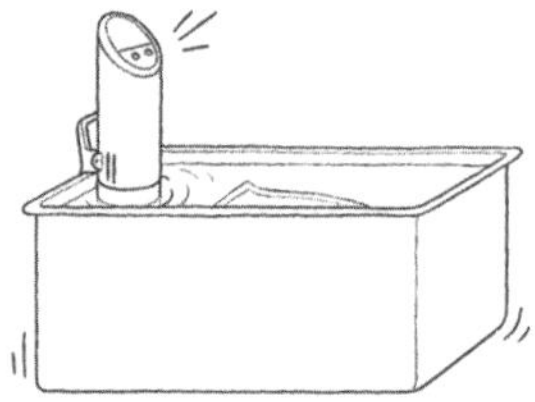

location
Vous pouvez louer des chauffe-plats électriques (besoin de prises) ou à gel (à placer en extérieur, mais à surveiller). Ou encore des fours étuves, à roulettes, pour un événement au public nombreux.

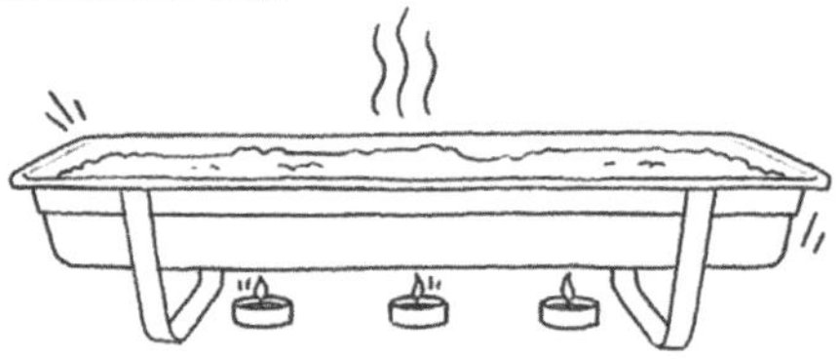

rice cooker
Le riz est souvent le meilleur accompagnement : économique, gain de place et délicieux. En louant un énorme *rice cooker* ou en récupérant des batteries de *rice cooker* domestique, vous n'aurez pas à vous occuper de la cuisson et à le tenir au chaud..

système D
Emballés dans l'aluminium, en glacière, accumulés les uns contre les autres pour une meilleure inertie, soyez inventif, mais attention à réserver ce programme de débrouille aux aliments les moins à risque. Si la réchauffe continue de cuire vos aliments, anticipez en faisant sous-cuire légèrement. Notez également que certaines réchauffes assèchent les préparations.

conserves & restes
stérilisation et sous-vide

Un stérilisateur et une machine sous vide sont deux outils précieux et très utiles pour conserver certains aliments et même préparer des recettes en avance. Deux outils qui permettent également de se distribuer les restes.

stérilisation

AVANT ET APRÈS

La stérilisation permet de cuire et conserver en avance les charcuteries (p.96) mais également certains plats qui acceptent la réchauffe (pulled pork, p.148). Après votre événement vous pouvez conserver certains restes.

FONCTIONNEMENT ET MATÉRIEL

Un stérilisateur est équipé d'un minuteur, d'un robinet de vidange et d'un thermostat. Si vous n'en avez pas, il existe d'autres moyens pour stériliser vos aliments ou préparations : un bouilleur monte jusqu'à 100 °C, idéal pour les aliments fragiles. Un autocuiseur, plus rapide, monte à plus de 110 °C et offre une meilleure stérilisation. Une simple casserole, ça fonctionne aussi ! La marche à suivre : faites bouillir les bocaux 10 minutes pour les nettoyer. Remplissez-les avec les aliments en chassant l'air au maximum (remplir de sirop, de jus de cuisson ou tasser le plus possible). Arrêtez-vous à la marque. Disposez le caoutchouc puis le couvercle (utilisez des caoutchoucs neufs). Superposez les bocaux debout dans le récipient. Attention aux chocs (torchons) ! Pour éviter les chocs thermiques, commencez la cuisson à température des bocaux et ajustez les temps de cuisson selon les ingrédients. Manipulez les bocaux une fois froids.

mise sous vide

UTILISATION

Une machine sous vide, permet de se répartir les restes en optimisant les volumes, et offrira un temps de conservation plus long qu'un simple doggy-bag. Elle est également idéale pour optimiser le volume d'une marinade ou d'une saumure. Les aliments se conservent plus longtemps une fois mis sous vide.

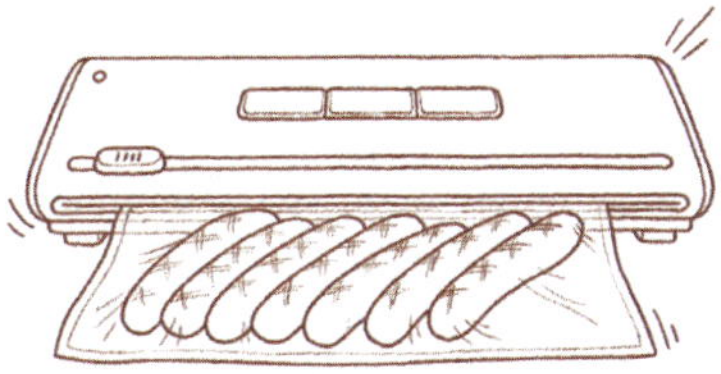

CUISSON SOUS VIDE

L'idéal pour une cuisson sous vide, c'est le thermoplongeur. Il cuit à la perfection les viandes, les légumes et les poissons car il offre des cuissons douces et précises. Il permet aussi de tenir chaud en toute sécurité (voir p.42). Astuce : pour les grillades, cuisez précisément les viandes avec la cuisson sous vide. Il ne reste plus qu'à les griller en surface. De cette manière vous assurez une cuisson parfaite et gagnez du temps à l'envoi.

COMPATIBILITÉ

Attention, les poches sous vide professionnelles lisses ne s'adaptent pas souvent avec les machines domestiques, moins puissantes, qui ont besoin de poches texturées pour fonctionner. Une machine moins puissante aura également du mal avec des préparations très liquides.

le nettoyage de la cuisine et du matériel

Mais au fait comment on nettoie si les torchons sont interdits ? Et c'est quoi le fameux « sale » de la marche en avant ? Focus sur le nettoyage, car, finalement, cuisiner c'est aussi beaucoup, beaucoup, beaucoup laver !

comment nettoyer ?

Pour laver les plans de travail, oubliez le produit vaisselle et surtout l'éponge, un véritable nid à bactéries ! Vaporisez du dégraissant, passez un coup d'essuie-tout, puis vaporisez un désinfectant à étaler avec une lavette, laquelle devra baigner dans un seau d'eau assaisonné d'une pastille de javel. Ce processus fonctionne pour nettoyer tout votre matériel (frigos, robots...).

Certes, cette méthode est la plus efficace, mais on vous sent un brin réfractaire à vous équiper. Alors, pour les plus grognons, le vinaigre blanc avec de l'essuie-tout feront très bien l'affaire. Plus écologique, remplacez l'essuie-tout par des lavettes à faire tremper dans de l'eau et du vinaigre.

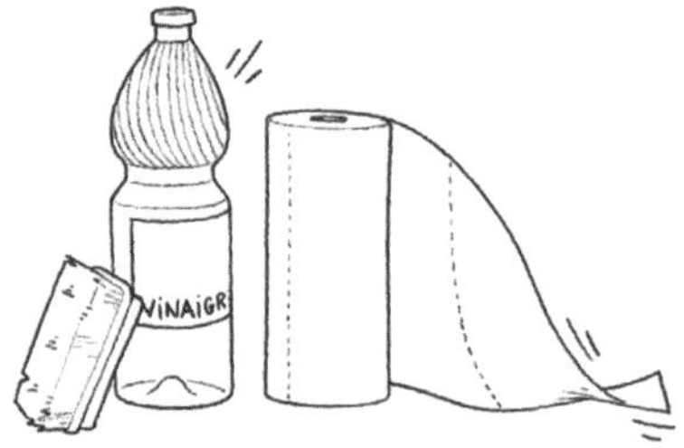

laver les légumes

Lorsque l'on parle du sale dans la marche en avant, il y est beaucoup question des fruits et légumes. Ces petits coquins sont souvent pleins de terre, d'herbes et parfois même de squatteurs (insectes et vers). Bref, vous conviendrez qu'une botte de radis est plus sale qu'une brioche. Même si viande, poisson et fromages génèrent du sale et qu'ils doivent être minutieusement nettoyés avant d'intégrer les frigos de la cuisine, concentrons-nous ici sur les fruits et légumes.

Il vous faut tous les laver (même ceux qui seront pelés, épluchés ou écossés). Remplissez un évier d'eau avec du vinaigre blanc et faites-y tremper vos fruits et légumes. Si certains sont vraiment trop sales, faites plusieurs tournées. Frottez la terre. Puis remplissez l'évier d'eau et faites-y tremper les fruits et légumes pour les rincer et laissez-les sécher à l'air libre. Entreposez-les dans des caisses en plastique ou en inox.

les sols

On ne va pas vous apprendre à passer la serpillière. Après une dure journée en cuisine, nettoyer le sol n'est pas une option, mais une obligation !

la plonge

Ah, la plonge ! Vaste sujet... Punition pour la plupart, elle est parfois le lieu de repos de certains, qui s'y cachent. Ce qui est sûr, c'est qu'elle offre du travail pour tous et, terre d'accueil, elle ouvre grand les bras aux brûleurs de risotto ou autres carbonisateurs de béchamel. Vous aurez compris, si vous écopez d'un boulet dans la brigade, un petit séjour à la plonge devrait lui donner envie de progresser, et puis, quand il frotte les assiettes, il est loin des catastrophes, quoique...

règles élémentaires de la plonge

Couteaux, économes, mandolines, lames de robot et tous autres instruments tranchants ne doivent pas être jetés à tremper dans le bac de l'évier avec le reste de vaisselle. On risquerait de se blesser en allant chercher la vaisselle à l'aveugle. Prévoyez un bac spécial pour ces objets tranchants et contondants.

Une eau à 60 °C n'est pas nécessaire surtout pour faire tremper et vous risquez de brûler vos collègues s'ils ne sont pas prévenus.

Avec l'eau et le produit vaisselle, la zone a fortement tendance à glisser au sol, attention aux cascades et bonjour les chaussures de sécurité.

plonge professionnelle

Vous cuisinez dans la salle des fêtes du village, dans une salle communale, dans un gîte suréquipé, dans le domaine du mariage où on vous a prêté la cantine scolaire, bref, vous avez accès à une plonge professionnelle ! Ce précieux outil va vous faire gagner un temps considérable, si vous savez vous en servir. À la différence d'un lave-vaisselle domestique, la plonge professionnelle propose un cycle de quelques secondes, en revanche il vous faut bien frotter en amont, plus qu'à la maison. Et pour sécher, toujours pas de chiffon, on laisse sécher à l'air libre.

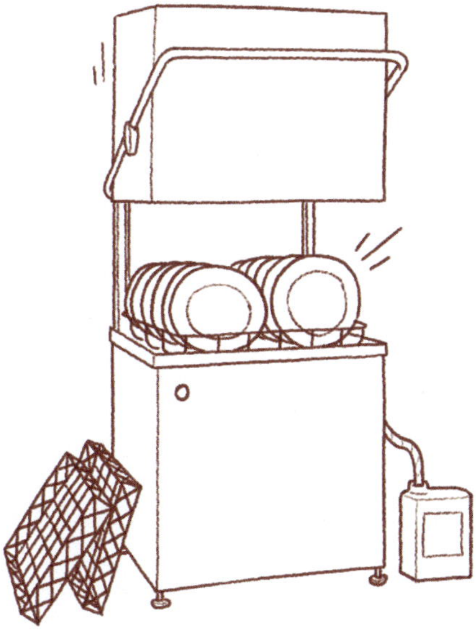

1. On fait tremper dans l'évier, on frotte avec une paille de fer adaptée et non abrasive pour l'inox.

2. On charge le bac à remplir pendant que le premier est en cours de nettoyage.

3. Pour actionner la plonge, il suffit de sélectionner le programme voulu. Le premier cycle de chauffe est toujours plus long. Mais ensuite, comptez 30 secondes. Pour lancer un cycle, il suffit de baisser le capot.

4. Toujours un bac qui tourne pendant qu'on charge et décharge, on ne reste jamais en attente devant la machine, c'est la solution pour venir à bout de la pyramide de vaisselle.

lave-vaisselle domestique

Honnêtement, lâchez l'affaire. Réservez-le pour laver la vaisselle de service : assiettes et couverts, mais ne tentez pas de laver les plats ou vos instruments de cuisine avec. Les temps sont bien trop longs et les programmes express pas performants. Vous risquez d'avoir besoin de l'outil bien avant que le cycle ne soit fini. Retroussez-vous les manches et remplissez l'évier.

qui s'y plonge ?

S'il y a bien un sujet de discorde en cuisine, c'est la plonge. La hiérarchie militaire des cuisines désigne souvent les commis à ce poste ; certains restaurants emploient des personnes dédiées. Il vous faudra être fin diplomate et osciller entre la démocratie, avec une certaine équité en temps de plonge, et la ruse pour ne pas laisser votre meilleur élément barboter dans la vaisselle pendant que M. Catastrophe repeint les murs à la mayonnaise.

la brigade
constituer son équipe

Comment constituer une belle équipe de cuisine pour abattre une grosse charge de travail sans que personne ne se sente laissé-pour-compte ?

hiérarchie verticale *vs* hiérarchie horizontale
Afin de diriger une équipe de cuisine, deux solutions s'offrent à vous : la dictature ou la démocratie. Chef, sous-chef, brigade, coup de feu… inutile de vous dire dans quel camp se cache l'ADN de la cuisine… Un chef qui dirige, portant la vision et la responsabilité, et une équipe qui exécute, réalisant concrètement les plats. C'est souvent le plus simple et peut-être le plus adapté à un événement particulier, car souvent la responsabilité du repas n'est pas partagée, elle repose sur une personne. Lors d'un événement amateur, il semble normal que la personne la plus expérimentée en cuisine prenne la place de leader.

Une hiérarchie verticale a pour avantage : un référent qui porte une vision globale et qui peut trancher. Ces décisions arbitraires permettent un gain de temps considérable. En revanche ce système a pour inconvénients : un investissement moindre de l'équipe, les prises d'initiative sont peut encouragées, sans le responsable l'équipe est perdue. Attention à l'ambiance et veillez à ne pas froisser les susceptibilités.

Parfois, personne ne s'impose comme leader : vous louez une maison de vacances à plusieurs, vous êtes toute l'équipe de témoins en cuisine ou les cousins réunis le temps d'un week-end au gîte.

Une hiérarchie horizontale a pour avantages de favoriser la rigolade et la bonne ambiance en cuisine. Tout le monde est plus concerné et plus autonome. Ce système a aussi des inconvénients : il privilégie des discussions interminables, stériles et chronophages, car personne n'est là pour trancher. Attention alors aux délais. Souvent, ce ne sont pas les meilleures idées qui sont retenues, mais celles de ceux qui parlent le plus fort. Veillez également à ne pas froisser les susceptibilités.

identifier les personnalités
Nous nous sommes amusés à lister certains comportements récurrents en cuisine et, avec le temps, nous nous sommes rendu compte que chaque personnalité s'épanouit dans un poste particulier. Ce constat est évidemment à prendre avec des pincettes, mais il a le mérite de faire correspondre à chaque équipier la tâche qui lui ira le mieux.

LE PROFIL COMPÉTITEUR
Il est capable d'abattre un boulot monstre si on lui donne des défis. Une montagne d'aubergines à éplucher ? Tu n'es pas capable de finir en moins de 20 minutes. 5 kilos de crevettes à éplucher ? Constituez deux équipes et les perdants font la plonge.

LE PROFIL CRÉATIF
Des idées qui fusent et des remises en question constantes. Cet esprit créatif va toujours vouloir améliorer et embellir, à vous de faire le tri dans cette boîte à idées perpétuelle. C'est à double tranchant, car s'il a de bonnes idées, certaines sont complètement irréalisables, il vous faudra parfois le faire atterrir. C'est lors des ronds d'équipe qu'il rayonne ; il a également de superbes idées pour les décorations des

plats et des tables. Attention, un créatif n'est pas forcément un artisan, parfois, c'est mieux si c'est un autre qui réalise ses traits de génie !

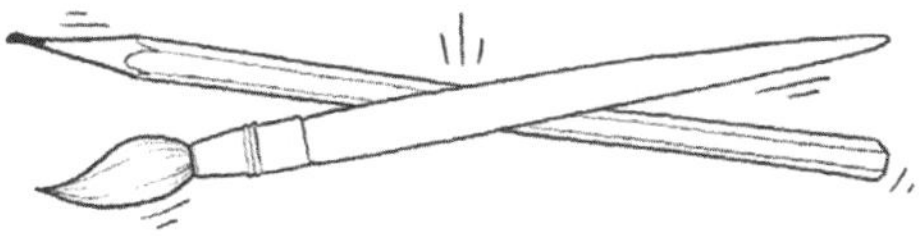

LE PROFIL ARTISAN

Il a de l'or dans les mains, il ficelle le rôti comme un MOF, il travaille à la pince à épiler, il poche mieux que personne : c'est un travail d'orfèvre. Pour lui, c'est le résultat qui compte, sa temporalité n'est pas la vôtre. Il est capable de se lancer dans une sculpture de glace, peu importe qu'il finisse à 23 h. Donnez-lui les tâches méticuleuses, mais ne le noyez pas de travail et gardez toujours un œil sur ses avancées.

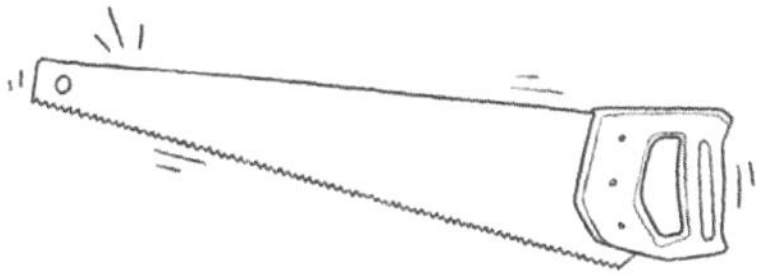

LE PROFIL BON ÉLÈVE

Impossible de décevoir, l'échec n'est pas une option. L'envie de bien faire le rend attentif, méticuleux et organisé, c'est le roi des vérifications. Confiez-lui de longues tâches complexes où il faut être attentif, il ne fera jamais brûler le risotto ! Partagez avec lui le calendrier, il gardera toujours un œil sur l'horloge.

LE PROFIL RÂLEUR

Si vous avez dit rouge, il va dire bleu. Rien ne va jamais : il aurait fallu faire plutôt comme ça et non comme ci ! Votre râleur n'est pas forcément un handicap. Donnez-lui des responsabilités et faites-en un allié. C'est souvent un super sous-chef qui va challenger vos idées et, s'il se sent écouté, il va vous impressionner par son dévouement. S'il continue à râler, prêchez le bleu pour qu'il dise rouge (comme avec les enfants).

LE PROFIL DÉFAITISTE

On n'y arrivera jamais ! On aurait dû faire appel à un professionnel... Ça ne sera jamais cuit à temps. Pour certains, le verre d'eau est toujours à moitié vide. Lors des ronds d'équipe, il saura calmer les ardeurs les plus folles. Si vous lui donnez en charge le timing, vous êtes certain d'avoir des temporalités réalistes et même avec des marges. S'il commence à avoir une influence démoralisante sur les troupes, envoyez-le en salle préparer les tables...

jamais seul !

Vous vous pensez seul en cuisine ? Pourtant, entraide et coup de main se cachent souvent au coin de la rue... Parmi les invités, il y a toujours des timides, des personnes qui ne demandent qu'à aider. Ouvrez l'œil sur qui s'ennuie, qui est seul et qui serait ravi de s'occuper en salle ou en cuisine. Encore une fois, à chaque proposition d'aide, dites oui !

le matériel
incontournable

Chaque événement est unique. Il nous est donc impossible de lister tout le matériel nécessaire à votre repas. Mais il y a, pour ce type d'événements, des récurrences et des indispensables, qu'il vaut mieux avoir toujours sous la main. Plus que les outils du cuisinier, ce sont les équipements tiers qui sont souvent délaissés et qu'on regrette à l'heure du coup de feu.

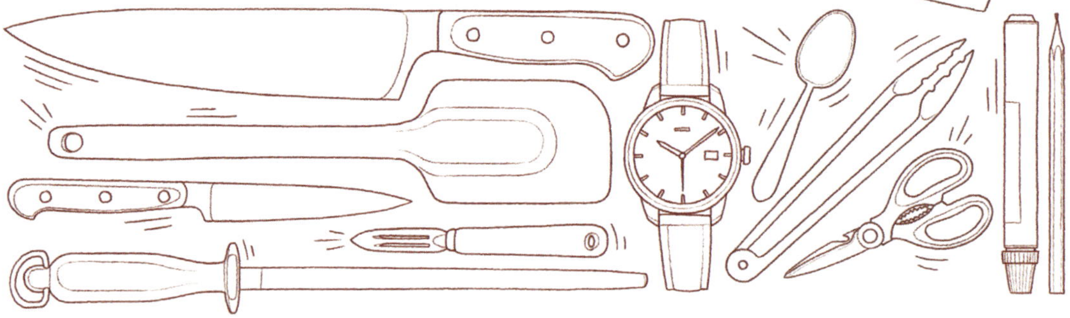

Le matériel en cuisine par personne
couteau de chef, maryse, couteau d'office, fusil, économe, montre, cuillère pour goûter (on la lave après), pinces, ciseaux, stylo, marqueur, feuille de route et menu

trousse bricolage
ficelle, briquet, scotch, Leatherman, fils de fer, tournevis multifonction, cutter

le petit plus
épluche-pomme, presse-ail, mandoline, Microplane, thermomètre de cuisson

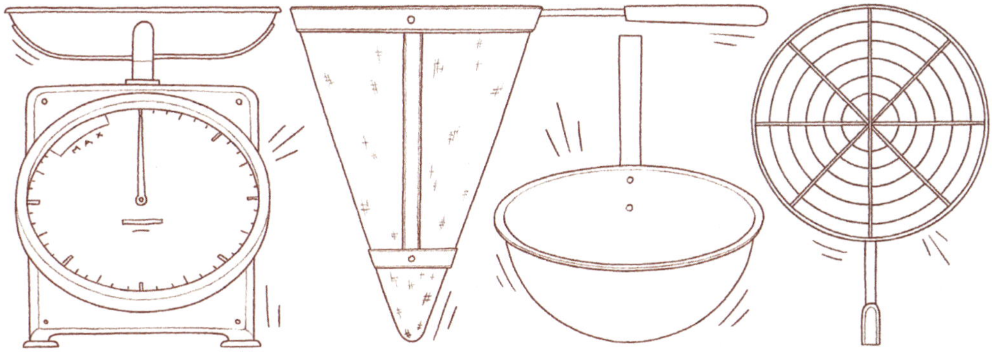

Le matériel format XXL
balance + 5 kilos,passoire/chinois grand format, louche grand format, araignée grand format

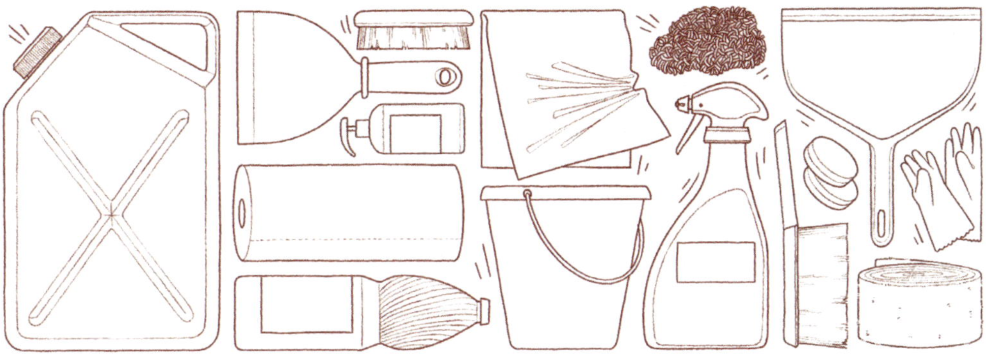

le matériel pour nettoyer
Jerrican pour eau, brosse, raclette (plancha), savon, essuie-tout, vinaigre blanc, lavette, récipient pour lavette (seau), paille de fer inox, spray, pelle et balayette, javel, gants, rouleau abrasif

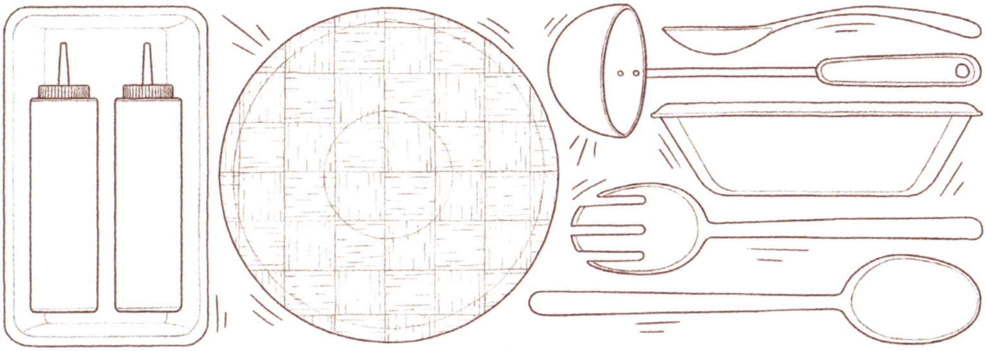

le matériel de service
pipettes à sauce, plats récupérés chez le boucher, gazaa (plat en bambou), plats trouvés en brocante, grosses cuillères et louches

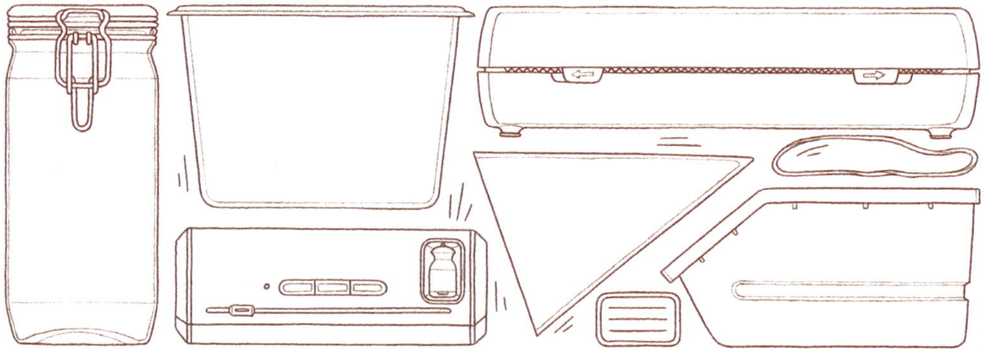

le matériel pour stocker
bocaux, boîtes hermétiques Metro, machine sous vide (et feuilles), rouleau dérouleur de film alimentaire, poches pâtissières, étiquettes, élastiques, rangements en plastique ou en inox de récupération ou neufs (boîte faisselle, fromage blanc)

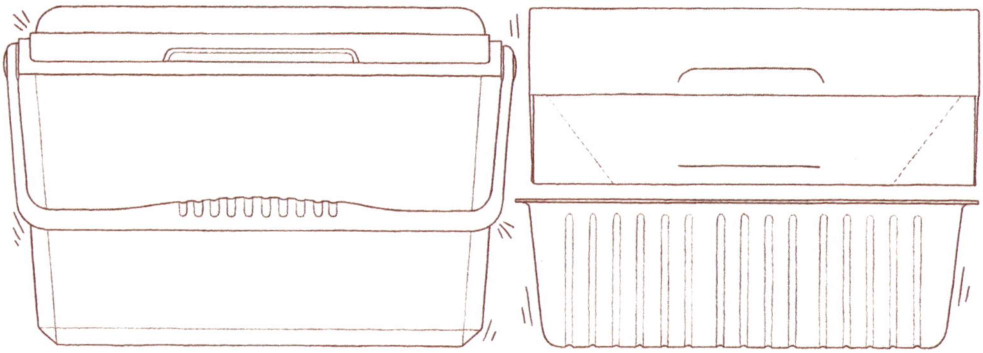

le matériel pour transporter
glacière, boîte pâtissière, boîtes en plastique empilables

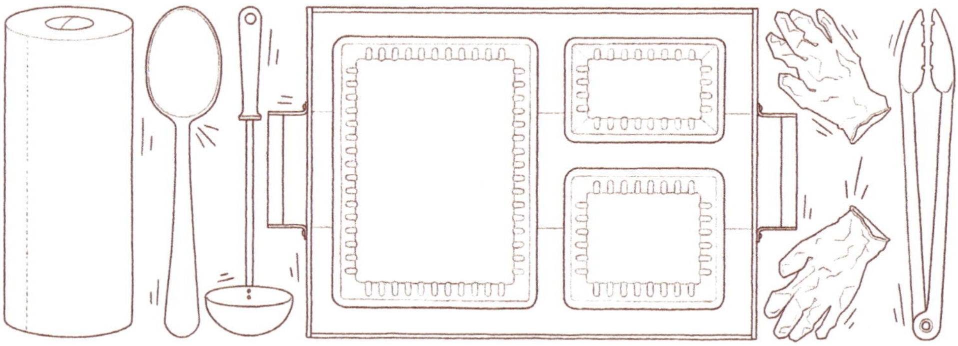

le matériel pour coup de feu
essuie-tout, cuillères ou louches, boîtes ou plats pour la mise en place, plateaux, gants, pinces

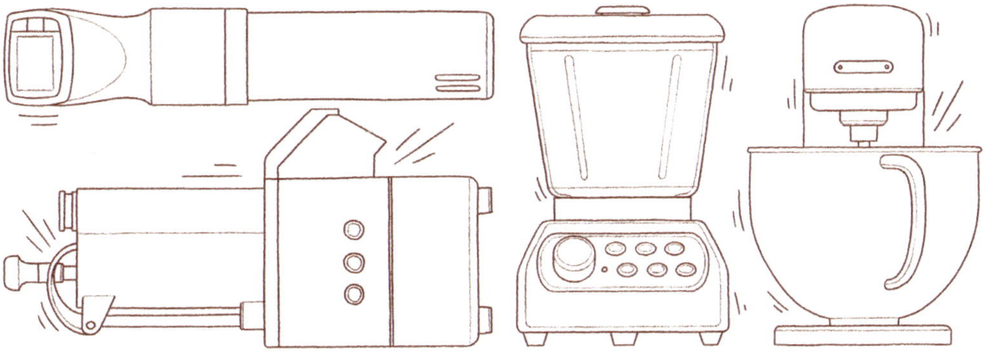

les robots
thermoplongeur, robot-coupe, robot mixeur, robot pâtissier

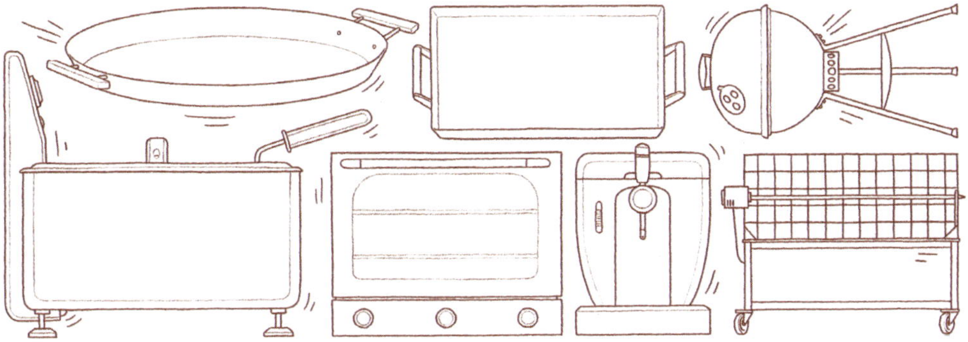

la grosse location
poêle à paella, friteuse, four externe, plancha, tireuse à bière, BBQ, rôtissoire

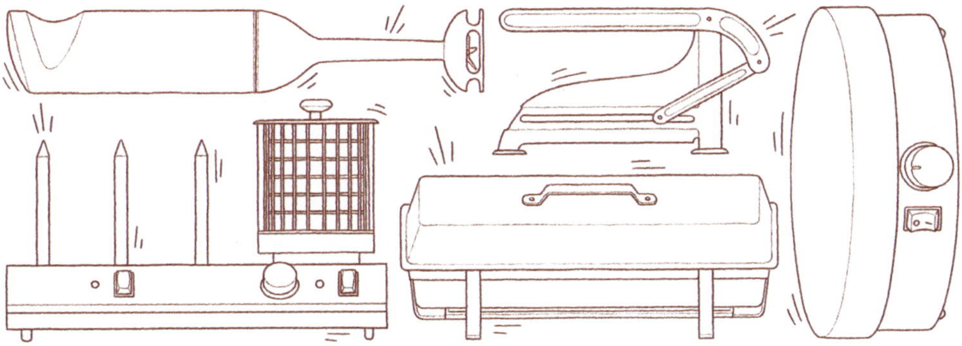

la petite location
robot plongeant XXL, machine à hot-dogs, coupe-frites, chauffe-plat, crêpière, gaufrier, robot-coupe

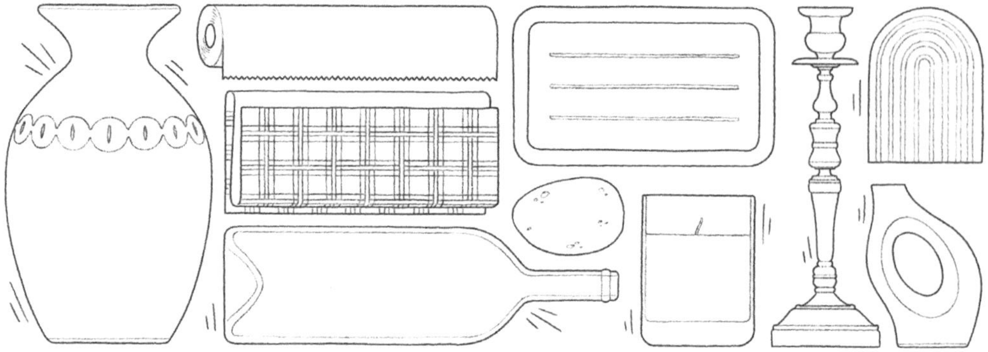

le matériel de décoration
vases, rouleaux kraft, nappe, bouteilles vides, ardoises, pierres pour tenir les serviettes et menus, bougies, chandeliers

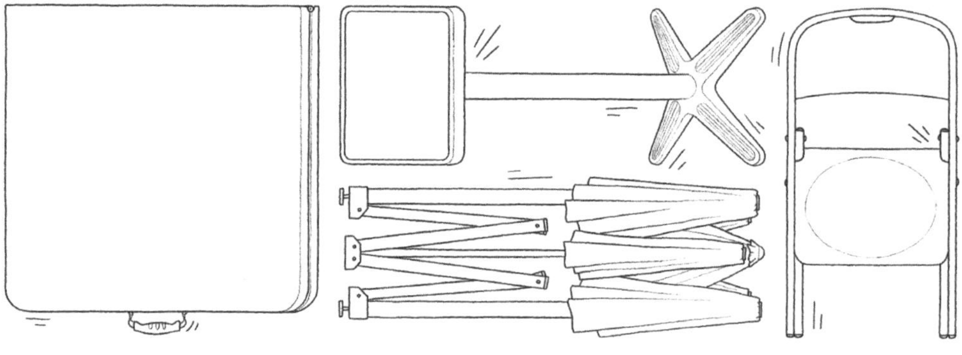

le mobilier
tables pliantes, mange debout, barnum, chaises empilables

astuces
Si vous louez des verres, signifiez au loueur les verres propres en les rangeant dans leur caisse dans le sens inverse des verres sales.

Afin de vous procurer du mobilier pour votre événement, rapprochez-vous des clubs sportifs ou des associations à proximité ou de la salle communale la plus proche, qui pourront vous prêter ou louer à un tarif moindre leur équipement.

Il existe également des sites de don. Pour la vaisselle, les Emmaüs ou les lots sur leboncoin feront l'affaire si vous ne souhaitez pas louer.

ready made
Si vous avez vraiment peur de la casse et tirez à l'économie, collectionnez les pots de moutarde et passez le mot à vos amis. Armé d'un marqueur indélébile, vous offrirez un verre par convive pour le séjour. Dans la même veine, vous pouvez collectionner les petits pots de fleurs en terre cuite. Remplis de sable, ils feront de pratiques et chics cendriers à disposer un peu partout. Encore une collection : les bocaux de confiture et de cornichons pourront accueillir les couverts à disposer sur les tables. Enfin, les boîtes en plastique d'aliments industriels seront idéales pour accueillir votre mise en place, surtout si elles sont munies d'un couvercle.

le tri et les déchets
l'empreinte écologique

Un repas de collectivité génère des déchets conséquents, mais, avec deux-trois bons réflexes, on arrive à réduire considérablement les déchets d'un tel événement.

on évite la vaisselle jetable
On répète, la vaisselle jetable est à bannir ! Elle n'est pas agréable à utiliser et ne rend ni hommage à l'événement, ni à vos plats. On privilégie la location de vaisselle, les prêts des amis, les sites de don, l'achat de seconde main.

on composte
C'est bientôt une obligation dans les cuisines professionnelles. Adoptez vous aussi le bon réflexe. Vérifiez auprès du lieu ou de l'organisateur si viande, coquilles d'œufs ou agrumes vont dans le compost. Que faire de mon compost ? Si le lieu de votre événement ne récupère pas le compost, les collectivités proposent des composts publics.

en cuisine et en salle
Comme en cuisine, en salle, quatre poubelles doivent être présentes :

1. produits alimentaires compostables ;

2. emballages non souillés ;

3. une poubelle pour le verre : mais pas de verre brisé, prévoir une caisse dédiée ;

4. une poubelle pour le reste du monde.

P-S : si vous avez un stand de service, anticipez également des poubelles qui soient accessibles en plein coup de feu. Avec un essuie-tout pour nettoyer rapidement.

la signalisation
Si votre brigade est briefée sur l'utilisation des poubelles, l'enjeu est plus subtil auprès de vos invités. Il vous faut leur signaler les poubelles, elles ne doivent pas être gênantes, éviter les odeurs, mais elles doivent tout de même être proches et visibles. Toutes les poubelles doivent se trouver ensemble. Écrivez ou dessinez ce qui va dedans pour en assurer le bon usage.

astuces
• Prévoir des couvercles pour : guêpes, mouches, insectes et odeurs...
• Savez-vous que le meilleur verre pour apprécier le champagne est un verre à vin ? Gardez un seul et unique verre; pour le nettoyer, buvez un verre d'eau à chaque changement de vin.
• Prévoyez des nécessaires à catastrophe proches des poubelles : balayette, essuie-tout, pelle à main...
• Si possible, répartissez le vidage des poubelles entre les invités au moment de partir.

la gestion du temps
top chrono !

S'il y a bien un facteur qui joue contre vous, c'est le temps : horaires imposés, coup de feu, temps de cuisson, manger chaud, date de péremption, retards divers, le temps n'est clairement pas l'allié du cuisinier. Comment anticiper, ne pas se faire surprendre et savoir gérer les imprévus.

Vous allez compter en mois, semaines, jours, heures, puis minutes et secondes. Chaque temporalité a son lot de responsabilités et il y a toujours quelque chose à faire.

mois/semaines

Si le repas n'est pas pour tout de suite, certaines tâches sont peut-être déjà en retard. Réserver le matériel de location, passer commande auprès des fournisseurs ou prévenir votre meilleure brigade doivent se faire le plus en avance possible. Sachez que les périodes de fêtes et les beaux jours sont les plus demandés. Soyez encore plus en avance que les autres. D'un autre côté, pendant la saison basse, les artisans partent en vacances... Assurez-vous que tout le monde est disponible.

Si vous les faites vous-même, vous pouvez proposer des plats festifs à moindre coût : foie gras, magret de canard ou encore pâtés croûte. Mais tout ça prend du temps ! Alors, anticipez parfois jusqu'à trois semaines en avance.

semaines/jours

Deux semaines avant le jour J, c'est le moment de relancer les invités, de finaliser les quantités et de verrouiller les dernières commandes auprès de vos fournisseurs. En cuisine, prenez de l'avance : rillettes stérilisées, pickles en saumure, gratins congelés : toutes ces recettes longue conservation vous permettent d'étaler les préparatifs et vous déchargent pour le jour J. Pendant toute cette période, vous êtes en alerte : brocantes, sites de don, appel aux associations, vous ne loupez aucune occasion de compléter votre matériel.

jours

Prévoyez un moment dédié pour récupérer les commandes. Regroupez les retraits autant que possible. Pointez, stockez et rangez. Prenez vos marques dans les lieux, anticipez le coup de feu et le service. Avant le jour J, certaines recettes peuvent être anticipées : les gâteaux de voyage se conservent presque une semaine ! D'autres recettes doivent impérativement être anticipées : gravlax, gelées, marinades, panna cotta : n'oubliez pas les temps de repos, qui sont incompressibles.

derniers jours

L'avant-veille, la veille, vous avez pu vous libérer du temps, seul ou avec une partie de votre équipe, pour abattre un maximum de mise en place.

LA VEILLE OU LE MATIN

Si vous n'avez pas pu récupérer le matériel de cuisine ou le matériel logistique, c'est le moment de le faire avec la commande du boulanger et toutes les autres commandes de dernière minute. Faites en sorte de déléguer ces tâches auprès des invités qui passent à côté.

EN CUISINE

C'est l'effervescence : lancez d'abord les ceviches, les cuissons longues puis passez sur les étapes de mise en place.

PASSEZ EN SALLE

Supervisez le dressage des tables, la décoration et la circulation. Prenez un temps pour vous familiariser avec votre poste avant le coup de feu et répétez avec l'équipe.

Démarrez le feu en avance et faites déjà chauffer les planchas, vous n'êtes pas à l'abri qu'une demoiselle d'honneur vous demande d'envoyer 20 minutes en avance, car son PowerPoint est « un chouïa plus court que prévu ».

Lancez également des bains-marie et laissez vos fours sur 60 °C. Un témoin pourrait aussi vous demander de décaler de 30 minutes parce que, lui, il ne retrouve plus la clé USB de son PowerPoint.

dernières heures

C'est le moment de couper les herbes fraîches, de finaliser la mise en place et de réaliser les dernières opérations minute. Ultime répétition et tout le monde à son poste avec l'horaire du coup de feu en minuteur.

dernières secondes

Vous êtes prêt et tout est à portée de main. Inspirez profondément, expirez, prêt, feu, partez !

focus sur le travail à la chaîne

Henry Ford, vous connaissez ? Tout comme pour la chaîne de montage de la Ford T, un cuisinier est bien plus efficace à répéter toujours le même geste. Travaillez donc à la chaîne. En cuisine, étalez les assiettes/bouchées/portions et réalisez le même geste sur toutes les portions puis passez à la suivante et ainsi de suite. Évidemment, si vous êtes en équipe, une personne pour une opération et ça ira beaucoup plus vite.

optimisation maximale

Aïe ! Vous venez de prendre un coup de torchon (eh oui, ça sert surtout à ça les torchons), mais pourquoi ? Car vous êtes bras ballants en cuisine ! Ici, il n'y a pas de trajets à vide. Vider la plonge, rapporter des produits de l'épicerie, aller aux poubelles, il y a toujours quelque chose à faire et vos bras ont toujours quelque chose à porter.

Chassez les temps perdus. Par exemple, au lieu de touiller votre plat à chaque nouvelle épice ajouté. déposer tous vos arromates sur le plat et mélanger qu'une seule et unique fois.

ne rien oublier

Les alarmes : montre, téléphone, minuteurs (cuisson)

Les listes : feuille de route imprimée, liste de courses, recettes papier, le menu écrit, etc.

Il y a tellement de choses auxquelles penser qu'il vous faut à chaque étape vous aider de pense-bêtes visuels ou sonores.

la déco
décoration de table et dressage

la décoration de table
Ne pensez pas que le goût l'emporte sur tout le reste, c'est faux ! Vaisselle, textiles et tout ce qui participe à l'environnement de l'événement auront une répercussion sur le ressenti du repas.

La nappe participe grandement à la décoration de table, elle permet souvent de recouvrir une table de fortune, de masquer des éléments cachés sous la table (ravitaillement, instruments de cuisine, poubelles, rallonges et prises électriques, etc.). Foncée et à motifs, elle camouflera les taches. En extérieur, prenez soin de fixer la nappe à l'aide de pinces à ressort pour éviter qu'elle s'envole. Notre astuce : faire des nappes dans de vieux draps qui ne valent plus rien (à cause des changements de dimension de literie). Si vous louez des tables pliantes, pensez à réserver leurs housses associées. À défaut, un rouleau de kraft couvrira la misère.

Sur une table horizontale, on cherche à occuper de la place en hauteur pour accrocher l'œil et donner du rythme à la table. Chandeliers, bouquets de fleurs, présentoirs hauts, ces éléments donneront de la prestance au repas. Notre astuce : utiliser des bouteilles vides comme vases de fortune et chandeliers. Laissez les coulures de cire de chaque événement, elles apportent une parenthèse poétique.

Pour donner une identité et thématiser votre table, vous pouvez intégrer des éléments de décoration : des fleurs séchées, des aromates (romarin, lavande, laurier), ou même des ingrédients bruts de vos recettes (agrumes, fruits à coque, etc.).

la vaisselle
Les matériaux de votre vaisselle peuvent modifier physiquement le goût de vos préparations. Au-delà de la praticité, il en va du ressenti sensible qu'offre le repas. Pour les couverts et les assiettes, on évite en plus du plastique et du jetable le bois, qui dénature et se lave difficilement. Les assiettes et bols en verre transmettent (trop) la chaleur et se couvrent d'une buée désagréable. On privilégie : la terre cuite, le grès et tous les types de faïence.

On évite les formes étranges, une assiette carrée reste très connotée année 2000... Deux options, deux ambiances : la neutralité d'une vaisselle de location ou la vaisselle de grand-mère un brin désuète qui apportera une touche de nostalgie souvent appréciée pour ce genre d'événement. Si possible, on choisit de la vaisselle qui s'empile et optimise l'espace (un rebord de 8 cm sur une assiette, c'est encombrant à stocker et à transporter). Si viande grillée il y a, on fait la chasse aux couteaux qui coupent.

la décoration des assiettes

Plusieurs règles permettent de faire gagner un temps considérable sur le dressage des assiettes.

Tout d'abord, on privilégie les chiffres impairs. À choisir, on met trois morceaux plutôt que quatre, l'impair va créer un accident plus agréable à l'œil qui donnera l'impression d'unicité.

Ne masquez pas l'élément principal de votre recette : rendez-le visible.

Jouez sur les contrastes et les oppositions : le liquide et le solide, des couleurs complémentaires, des textures qui s'opposent, etc. Ces rapports de force sont agréables à l'œil. Par exemple, si vous proposez deux purées, séparez-les par un troisième élément qui va faire rupture et permettra de souligner leurs différences.

Misez sur le *finish* : quelques astuces permettent de sublimer une présentation et de faire comprendre que le plat mérite qu'on s'y attarde. Pour cela, parsemez quelques toppings sur le plat : souvent des graines (lin, courge, sésame, moutarde, baies roses), mais aussi des condiments (câpres, pickles, citrons confits détaillés), etc. Afin qu'ils soient bien visibles, vous pouvez les faire contraster avec des herbes fraîchement ciselées (attention à ne pas masquer vos aliments).

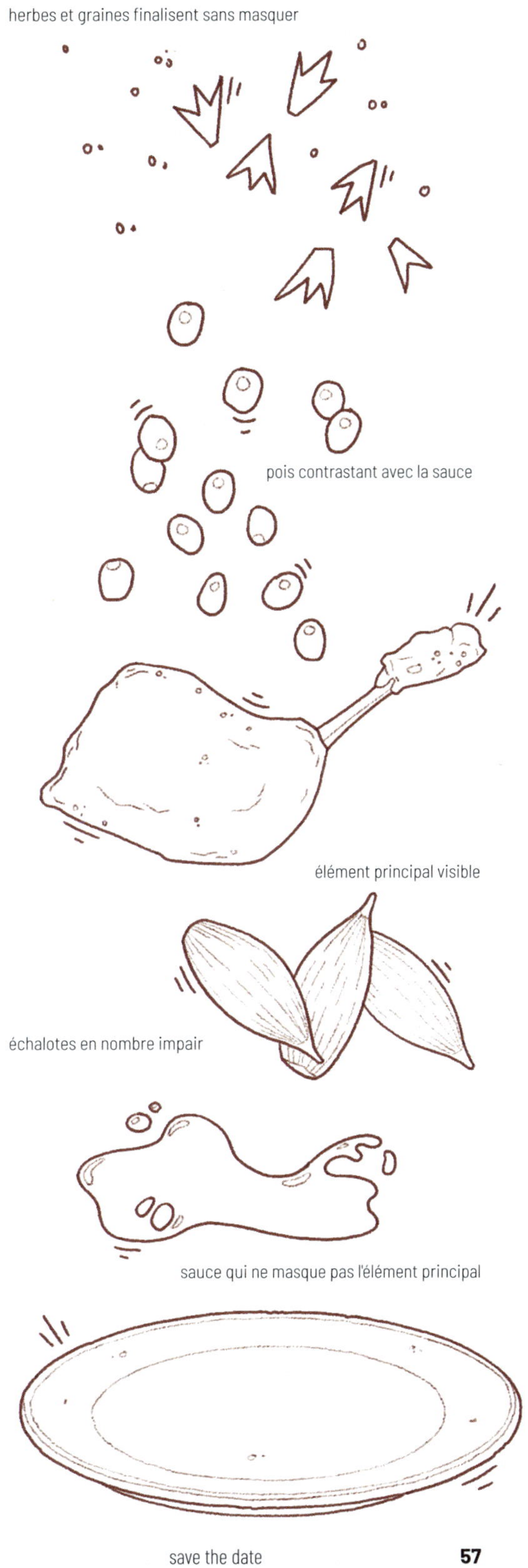

le menu
énoncer : lisibilité et allergènes

Allergies, intolérances, régimes et palais sensibles peuvent compliquer votre menu. En contactant les intéressés, vous pouvez anticiper des variantes et proposer des versions adaptées.

Les vrais allergiques ne prennent pas de risque et se signalent souvent d'eux-mêmes. Vous, il vous faut connaître les 14 allergènes, noter dans quelles préparations ils apparaissent et anticiper, lors des préparatifs, des alternatives sans risque.

liste des allergènes

1. Arachide
2. Céleri
3. Crustacés
crabe / crevettes / écrevisse / homard / langoustines
4. Céréales contenant du gluten
avoine / blé / épeautre / kamut et leurs souches hybridées / orge / seigle
5. Fruits à coque
amandes / noisettes / noix / noix du Brésil / noix de cajou / noix de macadamia / noix de pécan / noix du Queensland / pistaches
6. Lait
7. Lupin
8. Œuf
9. Poisson (*)
10. Mollusques
bulot / calamar / escargot / huître / moule / palourde / pétoncle / pieuvre
11. Moutarde
12. Sésame
13. Soja
14. Sulfites

régime végan
Un menu peut facilement s'adapter à des végétariens. Pour des végans, c'est beaucoup plus compliqué. Anticipez le plus tôt possible, mais c'est souvent beaucoup de travail supplémentaire et il est parfois plus sage de leur demander d'apporter leur propre repas.

énoncer le menu
Faire un bon menu, c'est superbe, mais il faut savoir le rendre visible pour deux raisons : éviter de répéter cent fois la même chose en plein service et permettre aux invités d'anticiper leur choix. Ça vous fera gagner un temps précieux !

Si votre menu doit être visible le jour J, c'est encore mieux s'il est partagé en avance : le top, c'est de l'annoncer en même temps que l'invitation, sur le canal dédié (lettre, réseaux sociaux, SMS, etc.).

Le jour J, affichez-le en grand, si possible avec un chevalet stop trottoir, dans un endroit visible.

Affichez-le à nouveau sur les tables. Sur un buffet, essayez d'indiquer au maximum les préparations et briefez les équipes de service, surtout sur les préparations qui contiennent des allergènes. C'est d'ailleurs une bonne occasion de sauver les meubles. En effet, si vous avez loupé votre gravlax, briefez vos équipes pour recommander une dégustation avec le pain et le caviar d'aubergine qui adouciront l'excès de sel...

Enfin, affichez le menu à côté du poste de cuisine, mais vous verrez que même avec toutes ces précautions, vous allez entendre au bout de 5 minutes : « Qu'est-ce que c'est ? »

les partenaires
do you speak cuisine ?

Que faut-il demander à son boulanger ? Quand doit-on récupérer le poisson ? Quoi faire des légumes qui restent ? Les réponses ci-dessous.

boulanger
• QUOI ? : Commandez des pains entiers plutôt que de la baguette, ils tiendront plus longtemps. Faites trancher (peut-être pas tout) et mandatez quelqu'un pour le récupérer. Pâtes feuilletées, pains de mie, pâtes à pizza, buns à burger, navettes à hot-dog... Passez commande au lieu de vous lancer dans des préparations chronophages. Viennoiseries et nécessaires à brunch complètent la commande.
• QUAND ? : Récupérez le jour J afin de garantir plus de fraîcheur.
• ET APRÈS ? : Congelez. Pains perdus, chapelure, croissants jambon, sandwichs de restes pour le retour... aucun souci pour recycler vos excédents.

boucher
• QUOI ? : Parez, dégraisser, levez les côtes, dénervez... Le boucher est votre ami et vous fera gagner énormément de temps. Dites oui à toutes les propositions.
• QUAND ? : Pas plus de 4 jours maximum dans le frigo. Récupérez donc vos commandes 2-3 jours avant le repas pour de la viande fraîche.
• ET APRÈS ? : Congelez. Réalisez des farces. Mais généralement il ne reste pas trop de viande.

fromager
• QUOI ? : Commandez directement un plateau de fromages en donnant les quantités et les goûts attendus. Ou, plus simple, commandez deux beaux fromages qui feront sensation (par exemple : un brie et une belle part de comté).
• QUAND ? : Gagnez de la place dans votre frigo et faites-le récupérer le jour J par un invité qui passe devant.
• ET APRÈS ? : Ressortez-le à 4 heures du matin sur le *dancefloor*, puis le lendemain au brunch.

caviste
• QUOI ? : Si vous optez pour des cubis pour la praticité et l'économie, essayez de masquer en coulant le nectar dans des bouteilles consignées. Le cubi a également comme avantage de ne pas oxyder le vin à la différence d'une bouteille ouverte. Champagne, rosé, bière... Précisez qu'il vous les faut frais et vous déchargerez ainsi vos frigos.
• QUAND ? : Si votre caviste vous tient les bouteilles au frais, retardez leur arrivée. Dans tous les cas réservez-les dans un bac/glacière/seau rempli de glaçons
• ET APRÈS ? : Sérieusement ?

poissonnier
• QUOI ? : Faites écailler et vider évidemment... Et n'oubliez pas les citrons, avec votre belle commande, vous n'aurez pas de mal à vous les faire offrir. Demandez en avance conseil sur les saisons (souvent méconnues) des poissons, afin d'aligner vos menus avec le poisson du moment et de faire des économies.
• QUAND ? : La veille pour du poisson frais.
• ET APRÈS ? : Rillettes, boulettes, accras, etc. Vous n'aurez pas de mal à écouler vos restes.

maraîcher
• QUOI ? : Finalement le moins certain. Difficile de savoir en avance ses dispos. Appelez, ou passez régulièrement pour être sur des arrivages.
• QUAND ? : Les légumes peuvent tenir jusqu'à 1 semaine,
• ET APRÈS ? : Purée, pickles, légumes rôtis, aucun mal à les recycler.
• L'ASTUCE : Demandez si vous pouvez emprunter les cagettes le temps de votre événement afin d'économiser vos contenants.

les quantités
par personne

tableau boucherie quantité matière brute / personne		
viande de boucherie (sans os)	**poids / personne**	**vos corrections / détails / notes**
rôtie exemple : contre-filet	160 g / pers.	
grillade exemple : entrecôte, steak	160 g / pers.	
sautée exemple : tournedos, escalope	160 g / pers.	
pochée exemple : blanquette	200 g / pers.	
ragoût exemple : estouffade	200 g / pers.	
braisée exemple : aiguillette	200 g / pers.	
viande de boucherie (avec os)		
rôtie exemple : carré d'agneau	200 g / pers.	
grillade exemple : côte d'agneau	200 g / pers.	
grillade (grosse pièce : côte de bœuf)	300 g / pers.	
sauté exemple : côte de porc	200 g / pers.	
poché exemple : carré de veau	200 g / pers.	
ragoût exemple : navarin, curry	250 g / pers.	
tableau abats quantité matière brute / personne		
foie de veau	130 g / pers.	
ris de veau	200 g / pers.	
rognon de veau	150 g / pers.	
cervelle	150 g / pers.	
tableau volaille quantité matière brute / personne		
poulet, pintade	300 g / pers.	
canard	400 g / pers.	
lapin	300 g / pers.	
lièvre	400 g / pers.	
caille	1 pièce	
perdreau	1 pour 2	
pigeon	1 pièce	
faisan	1 pour 3	

tableau poissons quantité matière brute / personne		
grosses pièces à détailler	**poids / personne**	**vos corrections / détails / notes**
colin	200 g / pers.	
turbot	350 g / pers.	
barbue	350 g / pers.	
saumon	300 g / pers.	
petites pièces entières		
merlan non vidé : 250 g	200 g / pers.	
truite non vidée : 250 g	200 g / pers.	
sole non vidée : 250 g	200 g / pers.	
étêtés, vidés grosses pièces		
bar	200 g / pers.	
saumon	200 g / pers.	
filets		
sole	150 g / pers.	
rouget	150 g / pers.	
daurade	150 g / pers.	
coquillages		
moules 1 l / 3 pers. en buffet	1 l / pers.	
huîtres 3 pièces en buffet	13 pièces	
langoustines 2 pièces en buffet	6 pièces moyennes	
tourteau	½ moyen	
homard	400 g / pers.	
langouste	400 g / pers.	
pour plateau de fruits de mer		
clams	3	
palourdes	6	
praires	6	
tourteau ou homard, araignée de mer	½ moyen	
bigorneaux	50 g	
crevettes grises	50 g	
crevettes roses	6	
bulots	6	
langoustines	6 petites	

tableau légumes quantité cru / personne		
pommes de terre	**poids / personne**	**✎ vos corrections / détails / notes**
sautées à cru	250 g / pers.	✎
château (forme et taille de découpe particulière)	250 g / pers.	✎
anglaise cuisson à l'eau	250 g / pers.	✎
purée pour croquette	125 g / pers.	✎
allumette très fine découpe de frite	300 g / pers.	✎
noisette	300 g / pers.	✎
pont-neuf grosses frites	300 g / pers.	✎
cocotte	250 g / pers.	✎
vapeur	250 g / pers.	✎
purée	250 g / pers.	✎
légumes - compter au total : 250 g / 300 g de légumes par personne. Les portions habituelles de légumes sont :		
légumes crus pour crudités	200 g / pers. 150 g / enfant (- 16 ans)	✎
légumes crus à cuire pour accompagnement	170 g / pers. 130 g / enfant (- 16 ans)	✎
haricots verts	200 g / pers.	✎
carottes	250 g / pers.	✎
navets	250 g / pers.	✎
petits pois écossés	100 g / pers.	✎ 1 kg de gousse pour 400 g
épinards et côtes de blette	300 g / pers.	✎
laitue	125 g / pers.	✎
champignons	250 g / pers.	✎
pâtes et riz		
pâtes crues pour accompagnement	70 g / pers.	✎
pâtes crues pour salade	70 g / pers.	✎
pâtes crues pour plat unique	100 g / pers.	✎
riz cru pour accompagnement	70 g / pers.	✎
riz cru pour salade	80 g / pers.	✎
riz cru pour plat unique	100 g / pers.	✎
céréales		
lentilles	60 g / pers.	✎
haricots (blancs, flageolets...)	60 g / pers.	✎
pois cassés	60 g / pers.	✎
semoule / quinoa / boulgour 100 g en plat principal	60 g / pers.	✎

tableau légumes quantité cru / personne (poids pour un accompagnement unique)		
légumes en garniture, en accompagnement	**poids / personne**	**vos corrections / détails / notes**
asperges, céleri branche	400 g / pers.	
courgettes, épinards, petits pois, chou-fleur, concombre, poireau	300 g / pers.	
chou vert, chou blanc, chou rouge, choux de Bruxelles, céleri-rave, endives, tomates, aubergine, champignons	200 g / pers.	
carottes, haricots verts, navets, poivrons, salsifis, marrons	150 g / pers.	

tableau autre quantité cru / personne		
garniture	**poids / personne**	**vos corrections / détails / notes**
oignons / oignons grelots	30 g / pers.	
champignons de Paris	30 g / pers.	
pain de mie / lardons	30 g / pers.	
œufs		
buffets / hors-d'œuvre	1 pièce	
omelettes, œufs brouillés	3 pièces	
au plat, cocotte, frits, durs, mollets, pochés	2 pièces	
vin pour mouiller ou déglacer		
cuisson longue exemple : ragoût, braiser	10 cl / portion	
cuisson à court mouillement (poisson poché)	2 cl / portion	
déglaçage exemple : sauter, poêler	2 cl / portion	
pain		
baguette ou pain	100 g	
fromage		
fromage par personne	70 g (après un repas)	140 g pour buffet

base de calcul
Les quantités proposées dans les tableaux sont indiquées à titre d'exemple et basées sur une consommation moyenne. Leur fiabilité est donc proportionnelle au nombre d'invités. Libre à vous d'affiner vos quantités en fonction de l'événement, de la nature des invités, de la saison ou même de la recette.

assiette type
Pour information, on estime une assiette type :
- 120 g de viande cuite (on considère qu'elle perd environ 20 % de son poids en eau).
- 200 g d'accompagnements (par exemple : 110 g de féculents et 90 g de légumes).

les poids moyens

tableau viande et abats, poids moyen d'une pièce pour commander		
	pois moyen	**vos corrections / détails / notes**
canard vidé	1 à 2 kg	
lapin vidé	1,5 kg	
poulet prêt à cuire	1 à 1,8 kg	
cervelle : bœuf / veau / mouton / porc	500 g / 300 g / 100 g / 110 g	
cœur : bœuf / veau / mouton / porc	2,75 kg / 900 g / 230 g / 225 g	
foie : bœuf / veau / porc	8,5 kg / 3,5 kg / 1,5 kg	
ris de veau	500 g	
rognon : bœuf / veau / porc	1 kg / 350 g / 170 g	
pied de veau	1 kg	
porc		
jambon	8,6 kg	
longe	11,5 kg	
poitrine	3,7 kg	
filet mignon	600 g	
araignée de porc	150 g (par pièce soit 300 g / porc)	
joue de porc	80 g	
bœuf		
filet	4,2 kg	
faux-filet	8 kg	
train de côtes milieu	8,5 kg	
entrecôtes	6 kg	
joue de bœuf	550 g	
veau		
noix	3,1 kg	
sous-noix	6,2 kg	
noix pâtissière	2,5 kg	
carré : couvert (5 + 3) / découvert (5)	2,2 kg / 2 kg	

(suite) tableau viande et abats, poids moyen d'une pièce pour commander		
mouton	**poids moyen**	**vos corrections / détails / notes**
gigot raccourci	2,2 kg	un gigot peut peser jusqu'à 4 kg
selle anglaise	2 kg	
carré : couvert (5 + 3) / découvert (5)	900 g / 900 g	
épaule	1,7 kg	
cœur : bœuf / veau / mouton / porc	2,75 kg / 900 g / 230 g / 225 g	

tableau poissons et crustacés, poids moyen d'une pièce pour commander		
	poids moyen	**vos corrections / détails / notes**
homard vivant	800 g	
colin entier vidé	2 kg	
daurade entière vidée	600 g	
hareng entier vidé	170 g	
merlan	250 g	
sardine	50 g	
turbot	2 à 4 kg	de 500 g à 2 kg en élevage
truite portion	300 g	
brochet	1,25 kg	
saumon	1,5 kg à 3 kg	
sole : T1 / T2 / T3 / T4	300 g / 400 g / 600 g / + 600 g	

tableau fruits et légumes, poids moyen d'une pièce pour commander		
fruits	**poids moyen**	**vos corrections / détails / notes**
abricot	55 g	
ananas	2 kg	
banane	150 g	
citron	100 g	
clémentine	70 g	
melon gros / melon portion	800 g / 500 g	
orange	200 g	
pamplemousse	400 g	
poire	200 g	
pomme	150 g	

tableau fruits et légumes, poids moyen d'une pièce pour commander		
légumes	**poids moyen**	**vos corrections / détails / notes**
ail tête	80 g	
ail gousse	5 g	
artichaut	350 g	
aubergine : petite / moyenne / grosse	200 g / 400 g / 500 g	
carotte	125 g	
céleri-rave	1 kg	
chou-fleur	1,5 kg	
chou vert	2 kg	
concombre	200 g	
courgette : petite / moyenne / grosse	100 g / 200 g / 300 g	
cresson (botte)	200 g	
échalote	20 g	
laitue	250 g	
oignon : moyen / gros / très gros	100 g / 150 g / 200 g	
poireau	150 g	
poivron : petit / moyen / gros / très gros	100 g / 150 g / 250 g / 350 g	
pomme de terre : grenaille	80 g	
pomme de terre : moyenne / grosse	120 g / 200 g	
tomate : petite / grosse	75 g / 200 g	

tableau, autres poids moyens d'une pièce pour commander		
œuf	**poids moyen**	**vos corrections / détails / notes**
œuf	50 g	(hors coquille)
jaune d'œuf	20 g	
blanc d'œuf	30 g	
sucre		
sucre morceau n° 4	5/6 g	168 mx / kg
sucre morceau n° 3	1 kg	126 mx / kg
pain		
baguette	250 g	
pain de campagne	390 g	façonné en bâtard
pain de seigle	275 g	façonné en bâtard

tableau des contenances				
denrée	**cuillerée à café**		**cuillerée à potage (à soupe)**	
	rase	**bombée**	**rase**	**bombée**
eau	10 g	-	15 g	-
farine	5 g	10 g	15 g	30 g
fécule	-	5 g	10 g	20 g
huile	5 g	-	20 g	-
poivre en grains	-	10 g	-	15 g
poivre moulu	10 g	15 g	15 g	20 g
riz	-	-	20 g	30 g
sel fin	10 g	15 g	30 g	40 g
sel gros	7,5 g	15 g	20 g	35 g
sucre semoule	10 g	12,5 g	15 g	30 g

repas ou buffet

L'expérience nous a appris à être plus généreux pour les petits groupes où la politesse et la proximité de la tablée incitent à se resservir. En revanche, sur un grand groupe plus représentatif d'une base de calcul, tous les appétits sont présents et l'habitude nous a appris à diminuer les quantités par personne si le groupe est nombreux, car les gros mangeurs sont davantage noyés dans la masse. Évidemment, ce constat est à prendre avec des pincettes, surtout si vous organisez le repas d'après-match de l'équipe de rugby de vos adolescents...

Il est courant de dire qu'on mange davantage sur une formule buffet que sur un repas à l'assiette assis. Enfin, c'est souvent ce qui est inscrit sur les plaquettes des traiteurs... Argument commercial ou constat réel? La curiosité des invités, voulant goûter toutes les préparations, est évoquée ainsi que la durée de la formule, plus longue, qui invite à se resservir.

Concernant la durée du repas, c'est une information à nuancer : la satiété qui arrive au bout de 20 minutes sera votre alliée, pour temporiser les estomacs. On vous conseille donc sur un buffet de ne pas tout proposer sur table, mais de garder des éléments en réserve. En revanche, si vous tardez trop à débarrasser et faites durer le repas sur des heures, l'appétit peut revenir, mettant en danger vos quantités. En conclusion, un buffet s'entretient, il faut réussir à le faire durer avec du ravitaillement mais aussi savoir lui mettre une fin en débarrassant et en apportant la suite : plateau de fromages et desserts agiront comme une signalétique pour les estomacs. Annoncez également le menu, les invités seront rassurés sur les quantités et seront plus aptes à gérer leur appétit.

Annoncer le menu vous permettra également de résoudre le second argument qui est de vouloir goûter à tout. D'office, les invités écarteront certaines préparations. Il vous faudra évidemment anticiper les préparations les plus populaires et savoir temporiser leur renouvellement. Si le tarif le permet, anticipez et produisez davantage des préparations vedettes. Sur un buffet en libre-service la contenance des plats de service a une importance capitale. Des préparations en abondance inciteront aux portions généreuses, voire au gâchis ; des contenants plus mesurés marqueront en revanche l'attention sur ces préparations et inciteront à la dégustation.

Au moment de concevoir votre menu, il vous faut identifier les préparations : plaisir, nourrissantes et fraîcheur. Un menu est une composition qu'il faut savoir orchestrer, pour nourrir et enchanter sans gaver vos invités.

pour quel repas êtes-vous fait ?

EN FAMILLE

RDV ANNUELS
Noël, Pâques, aniversaires, etc.
RDV EXTRAORDINAIRE
cousinade, etc.

LE MIXTE AMIS/FAMILLE

ANNIVERSAIRE
MARIAGE
BAPTÊMES / AUTRES
EVJF / EVJG

ENTRE AMIS

WEEK-END / VACANCES
INVITATION

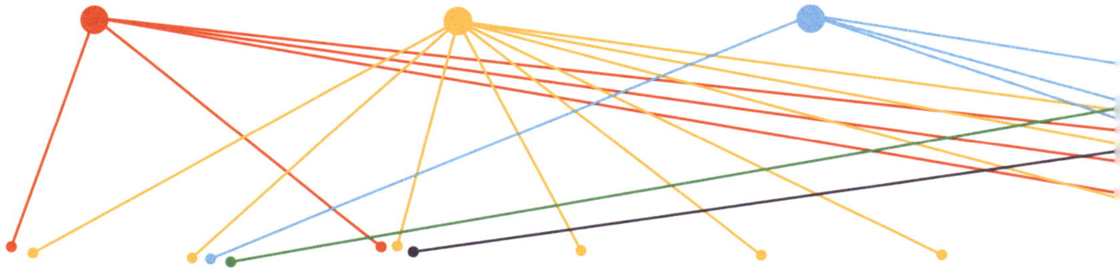

sur place, chez soi	profiter des invités	très nombreux	chic	pas / peu d'aide	pas / peu de matériel
LE CHAUD **P.110**	LE FROID **P.72**	LE FROID **P.72**	LE FROID **P.72**	LE FROID **P.72**	LE FROID **P.72**
LE GRIL **P.128**	LE GRIL **P.128**	SNACKING **P.152**	LES GROS MORCEAUX **P.140**	LE GRIL **P.128**	LE GRIL **P.128**
LES GROS MORCEAUX **P.140**	SNACKING **P.152**	LES PLATS DE GÉANT **P.164**	DESSERTS **P.180**	SNACKING **P.152**	SNACKING **P.152**
SNACKING **P.152**	LES PLATS DE GÉANT **P.164**	DESSERTS **P.180**	BOISSONS **P.186**	LES PLATS DE GÉANT **P.164**	LES PLATS DE GÉANT **P.164**
LES PLATS DE GÉANT **P.164**	DESSERTS **P.180**	BOISSONS **P.186**		DESSERTS **P.180**	DESSERTS **P.180**
DESSERTS **P.180**	BOISSONS **P.186**			BOISSONS **P.186**	BOISSONS **P.186**
BOISSONS **P.186**					

UN CONTEXTE DE LOISIR

FÊTE DES VOISINS
ASSOCIATION SPORTIVE / LOISIR
FÊTE DE VILLAGE & ASSOCIATIVE

UN CONTEXTE PROFESSIONNEL

CM / SÉMINAIRE
TEMPS INFORMEL

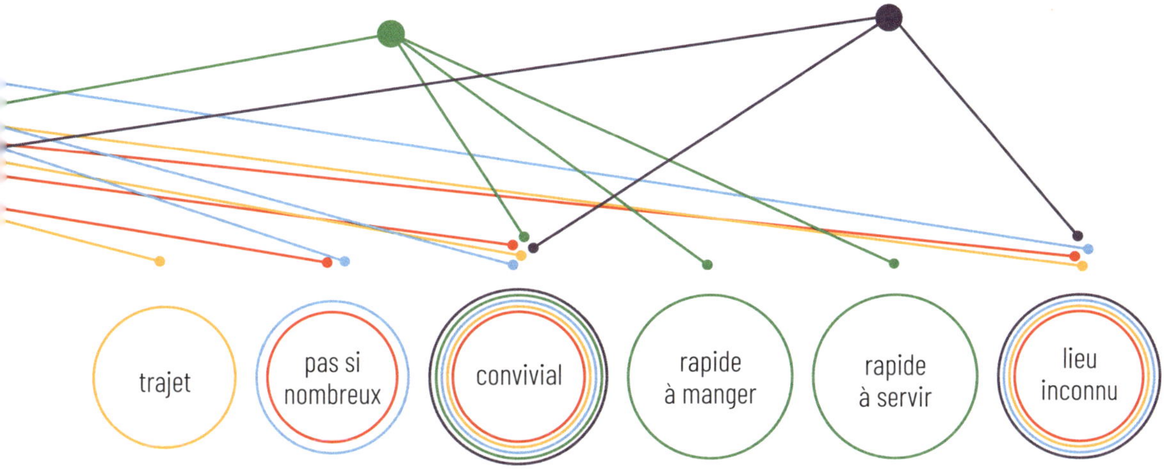

trajet	pas si nombreux	convivial	rapide à manger	rapide à servir	lieu inconnu
LE FROID **P.72**	LE CHAUD **P.110**	LE FROID **P.72**	LE CHAUD **P.110**	SNACKING **P.152**	LE FROID **P.72**
LE GRIL **P.128**	LE GRIL **P.128**	LE CHAUD **P.110**	LE GRIL **P.128**	LES PLATS DE GÉANT **P.164**	LE GRIL **P.128**
LES GROS MORCEAUX **P.140**	LES GROS MORCEAUX **P.140**	LE GRLL **P.128**	SNACKING **P.152**	DESSERTS **P.180**	SNACKING **P.152**
LES PLATS DE GÉANT **P.164**	DESSERTS **P.180**	SNACKING **P.152**	DESSERTS **P.180**	BOISSONS **P.186**	LES PLATS DE GÉANT **P.164**
DESSERTS **P.180**	BOISSONS **P.186**	LES PLATS DE GÉANT **P.164**	BOISSONS **P.186**		DESSERTS **P.180**
BOISSONS **P.186**		DESSERTS **P.180**			BOISSONS **P.186**
		BOISSONS **P.186**			

LES RECETTES
Recettes
BUFFET
ATTABLÉS

LE FROID

L'APÉRO – *STARTER*

L'apéritif a la lourde tâche d'occuper vos convives sans les rassasier. Si les recettes doivent être très simples à réaliser (parfois il suffit de twister un ingrédient), les goûts, eux, doivent être originaux pour annoncer la couleur en cuisine !

froid / original / rapide / buffet / *finger food* / réception / peu d'équipements / rapide à cuisiner / profiter des invités

pop-corn

10 pers. (buffet)
Prép. : 5 min
Cuisson : 5 min
Matériel
grand
cul-de-poule

1 p.76-77

125 g de grains de maïs à pop-corn, 2 cuil. à soupe d'huile, sel, 3 cuil. à soupe d'herbes de Provence, 3 cuil. à soupe de paprika, 2 cuil. à soupe d'ail en poudre

Mélanger les aromates. Faire chauffer l'huile dans une grande cocotte (à couvercle). Verser les grains de maïs. Au premier éclatement, couvrir et baisser le feu. Déposer les pop-corn dans un grand cul-de-poule et mélanger avec le mélange d'épices.

chips de légumes

10 pers. (buffet)
Prép. : 5 min
Cuisson :
10-15 min

fruits et légumes mandolinés le plus fin possible : pommes de terre, patate douce, carottes, carottes violettes, pommes, etc. Huile d'olive, piment d'Espelette, sel, poivre

Préchauffer le four à 200 °C. Verser les lamelles de légumes et de fruits dans un cul-de-poule et les arroser d'huile d'olive. Les étaler sur du papier sulfurisé, sur la plaque du four. Les saupoudrer de sel, de poivre, de piment d'Espelette. Les mettre au four entre 10 et 15 minutes. Laisser reposer quelques minutes afin que les chips refroidissent et croustillent.

le petit + : Vous pouvez recycler les épluchures de vos légumes bio (et lavés) de la même manière en en faisant des chips d'épluchures.

chips de sauge

10 pers. (buffet)
Prép. : 15 min
Cuisson : 5 min

2 bottes de sauge, 200 g de farine, sel, piment, huile d'olive

Nettoyer la sauge, couper les feuilles et les mouiller à l'eau. Les passer dans un mélange de farine, de sel et de piment. Faire griller les feuilles de sauge en panure dans une poêle d'huile fumante. Saler si nécessaire. Servir encore tiède ou froid.

carpaccio champignons
10 pers. (buffet)
Prép. : 5 min
Matériel
mandoline
2 p.76-77

200 g de champignons, huile de noisette, fleur de sel, 4 bottes de persil
Brosser les champignons. Réserver. Les passer à la mandoline. Les déposer en rosace sur des assiettes plates. Assaisonner d'une pincée de fleur de sel. Arroser d'un filet d'huile et de persil fraîchement ciselé.

le petit + : Champignons de Paris ou cèpes, adaptez la recette au budget.

le menu s'écrit tout seul : N'achetez pas d'huile de noisette spécialement pour cette recette, huile d'olive et éclats de noisette feront l'affaire, harmonisez avec les carpaccios de radis noir ci-dessous.

carpaccio tomate pastèque
10 pers. (buffet)
Prép. : 5 min

3 tomates Cœur-de-bœuf, ¼ de pastèque, fleur de sel, huile d'olive, olives
Nettoyer les tomates et la pastèque. Couper des tranches les plus fines possible. Les déposer en rosace sur des assiettes plates. Arroser d'huile d'olive et parsemer de quelques olives.

le menu s'écrit tout seul : Une entrée qui reprend les ingrédients de la salade pastèque-tomates, p.92, espacez-les dans un week-end. Prélevez quelques olives des olives aux agrumes p.74.

carpaccio concombre
10 pers. (buffet)
Prép. : 5 min
Matériel
1 mandoline

1 concombre, huile d'olive, fleur de sel, ¼ de botte d'estragon
Nettoyer le concombre. Garder la peau. Quelques minutes avant le service, le mandoliner en tranches. Les déposer en rosace sur des assiettes plates. Arroser d'huile d'olive, parsemer d'estragon ciselé et de fleur de sel.

le menu s'écrit tout seul : Idéal pour mutualiser avec un tzatziki : p.80.

carpaccio asperges
10 pers. (buffet)
Prép. : 5 min

10 asperges vertes (fines), le jus de 1 citron, 1 cuil. à soupe de sauce soja, huile d'olive, copeaux de parmesan pour servir
Casser les pieds des asperges. Les couper en biseau sur la longueur (0,5 cm maximum d'épaisseur). 30 minutes avant le service, mélanger tous les autres ingrédients dans un bol et ajouter les asperges. Quelques minutes avant le service, retirer les asperges et les déposer sur des assiettes plates. Râper dessus des copeaux de parmesan et ajouter un filet de marinade.

le petit + : Idéal pour passer les asperges cassées et fatiguées d'une botte.

carpaccio radis noir
10 pers. (buffet)
Prép. : 5 min
Matériel
mandoline
3 p.76-77

1 radis noir, huile d'olive, fleur de sel, noisettes concassées
Nettoyer, éplucher puis mandoliner très finement le radis noir. Déposer les tranches en rosace sur une grande assiette plate. Au moment de servir, arroser d'un filet d'huile d'olive, de fleur de sel et de noisettes concassées.

olives & zestes d'agrumes

10 pers. (buffet)
Prép. : 5 min
Matériel
Microplane®

4 p.76-77

500 g d'olives noires et vertes, 1 orange et/ou 1 clémentine et/ou 1 citron vert ou jaune

Faire des zestes avec une Microplane® et les mélanger aux olives.

sucette de tomates cerises

10 pers. (buffet)
Prép. : 5 min
Matériel
cure-dents

2 grappes de tomates cerises, 25 cl de vinaigre balsamique, 25 cl de graines de sésame, billes de mozzarella (facultatif)

Nettoyer les tomates cerises, verser le vinaigre dans un récipient à fond plat et les graines de sésame dans un verre. Déposer les tomates cerises de manière à les immerger de moitié dans le vinaigre balsamique. Piquer un cure-dents sur chaque tomate cerise. Les immerger une à une dans les graines de sésame de manière qu'elles adhèrent au vinaigre balsamique. Vous pouvez compléter cette brochette par une bille de mozzarella ou, pour plus de simplicité et de fraîcheur, la laisser nature.

graines de lupin

10 pers. (buffet)
Prép. 2 min

125 cl de lupin en saumure rincé et égoutté, 5 cl d'huile (olive, sésame), 5 cl de vinaigre balsamique, ¼ de botte de persil ou de coriandre, 2 cuil. à soupe de jus de citron, 2 gousses d'ail pressées

Hacher les herbes et mélanger le tout.

pickles

10 pers. (buffet)
Prép. : 5 min
Cuisson 1 min
Matériel
bocaux hermétiques

5 p.76-77

principe : 1 volume de sucre : 200 g, 2 volumes de vinaigre blanc : 300 g, 3 volumes d'eau : 600 g

aromates au choix : 1 feuille de laurier, 1 branche de thym, 1 gousse d'ail, 2 g de poivre en grains, 2 étoiles de badiane, 2 g de graines de fenouil, 1 capsule de cardamome verte, 2 g de graines de coriandre, 2 g de graines de moutarde

légumes au choix : 600 g : chou-fleur, chou, chou rouge, radis roses, brocolis, carottes, oignons rouges, etc.

Prendre les légumes de son choix et de saison. Les tailler en cubes ou en morceaux de la taille ou de l'épaisseur d'un cornichon maximum. Faire bouillir le vinaigre, le sucre et l'eau, ajouter les aromates, les épices, cuire 1 minute. Remplir les bocaux aux deux tiers de légumes. Verser et recouvrir les légumes de la nage bouillante. Fermer hermétiquement, laisser refroidir et stocker au frais.

pickles d'œufs à la betterave

10 pers. (buffet)
Prép. : 5 min
Cuisson : 6 min
Repos : 12 h
Matériel
bocaux hermétiques

5 œufs, 20 cl de jus de betterave et quelques morceaux de betterave, 30 cl de vinaigre blanc, 150 g de sucre, herbes à disposition : laurier, thym, estragon, 1 cuil. à café d'aromates à disposition : graines de coriandre, graines de moutarde, cardamome, etc.

Faire cuire les œufs mollets pendant 6 minutes à l'eau bouillante. Arrêtez la cuisson en les plongeant dans l'eau froide. Les écaler puis les disposer dans un bocal. Dans une casserole, mélanger tous les ingrédients restants. Porter à ébullition, puis verser sur les œufs et refermer. Laisser mariner au minimum 1 nuit au réfrigérateur.

le menu s'écrit tout seul : Idéal pour récupérer le jus de betterave de la mousse de betterave : p.81, ou le gravlax de truite à la betterave : p.106.

œufs mimosa

20 pers. (buffet)
Prép. : 5 min
Cuisson : 9 min
Matériel
petit tamis

6 p.76-77

10 œufs, 3 cuil. à soupe de mayonnaise, 6 brins de ciboulette, sel, poivre

Faire cuire les œufs durs pendant 9 minutes à l'eau bouillante. Les écaler et les couper en deux dans la longueur. Prélever tous les jaunes, en réserver 2. Mélanger 8 jaunes avec de la mayonnaise, du sel et du poivre. Dresser les œufs sur le plat de service. Remplir les demi-blancs d'œufs avec ce mélange. Mettre les 2 jaunes restants dans un tamis et les faire passer au travers à l'aide d'une cuillère en bois, afin de saupoudrer les œufs-mayonnaise. Parsemer de la ciboulette hachée.

aspic ou œufs en gelée

15 pers. (buffet)
Prép. : 20 min
Cuisson : 6 min
Repos : 12 h
Matériel
15 moules à aspics

7 p.76-77

15 œufs, 1 l de bouillon de volaille, 12 feuilles de gélatine, 2 tranches de jambon, 1 branche d'estragon

en option : ½ poireau, 1 carotte, 1 cuil. à café de baies roses, 1 cuil. à café de baies de coriandre, 1 cuil. à café d'éclats de noisettes, 1 feuille de laurier émincée

Faire cuire les œufs 6 minutes à l'eau bouillante, les passer sous l'eau froide. Les écaler. Faire un bouillon maison ou diluer 2 bouillons cubes dans 1 litre d'eau chaude, laisser descendre à température ambiante. Faire tremper les feuilles de gélatine dans de l'eau froide. Les égoutter et les déposer dans le bouillon tiède.
Détailler des lanières de jambon d'environ 4 cm de haut. Verser environ 0,5 cm de bouillon dans le fond de chaque moule avec un brin d'estragon. Disposer les moules au frigo. Sortir les moules une fois la gelée prise. Chemiser les tranches de jambon sur les parois du moule. Disposer un œuf sur le fond de gélatine. Verser à hauteur le bouillon. Laisser figer minimum 12 heures au réfrigérateur.

en option : Ajouter au mélange bouillon-gélatine encore tiède les aromates, le laurier, les éclats de noisettes, le poireau blanchi et les carottes émincées finement.

1
4
8
2
6

5
7
3

À TARTINER

Au choix : déjà tartinées pour mieux gérer les quantités ou à tartiner soi-même pour plus de convivialité, ces recettes permettent souvent de passer les excédents d'ingrédients ! Proposez-les aussi en formule cocktail dînatoire avec quelques viandes froides p. 102, des poissons p.106, ou de la charcuterie, p.96.

froid / cocktail dînatoire / *finger food* / événements festifs / nombreux / rapide à servir / buffet / profiter des invités / trajet

wraps

1 wrap = 6 parts
Prép. : 5 min

1 p.84-85

principe pour 1 wrap : 3 cuil. à soupe de sauce épaisse, 80 g de : viande, poisson ou légumes gourmands (pois chiches, maïs, avocat, etc.), 1 cuil. à soupe d'acidité (pickles, oignon rouge, citron confit, etc.), 1 petite poignée de verdure (salade, herbes aromatiques, endives, chou émincé, etc.)

2 heures avant le service, composer et plier les wraps selon les indications p.192. Déposer la sauce épaisse, puis la viande / le poisson / les légumes gourmands, la couche acide et finir par les herbes. Pliez et coupez les wraps en parts égales, soit en biseau et les laisser à plat, soit droits et les ranger à la verticale, serrés les uns contre les autres.

variante garniture viande : pesto au choix, p.82 / pastrami, p.101 / oignons rouges émincés / roquette
variante garniture poisson : mousse chèvre épaisse, p.81 / gravlax de truite à la betterave, p.106 / pickles, p.74-75 / chou rouge émincé
variante garniture végétarienne : houmous, p.80 / pois chiches cuits, puis poêlés à l'huile de sésame et aromatisés au paprika / pickles, p.74-75 / coriandre

feuilletés

1 pâte
= 15 feuilletés
Prép. : 5 min
Cuisson : 20 min

2 p.84-85

principe des feuilletés : 1 pâte feuilletée, 6 cuil. à soupe d'élément à tartiner au choix (pesto, moutarde, sauce tomate, tapenade, huile d'olive, etc.), une poignée de graines (sésame, pignons, courge, lin, etc.)

Se reporter aux indications de découpe p.192. Préchauffer le four en chaleur tournante à 180 °C. Étaler la pâte feuilletée. L'enduire d'une bonne épaisseur de la couche à tartiner au choix. Découper au couteau des lanières verticales de 1 cm de largeur. Répartir dessus les graines, enfourner 20 minutes. Les feuilletés se conservent 1 semaine en bocal. Pour plus de rapidité, vous pouvez les réaliser avec des sauces toutes prêtes.

variante tapenade : tapenade, p.80 / graine de sésame
variante pesto : pesto au choix p.82 / pignons et/ou amandes effilées
variante sauce tomate : sauce tomate des pizzas, p.160 / graines de lin
variante aromates : 2 jaunes d'œufs battus et étalés au pinceau / 1 cuil. à soupe de paprika saupoudré / 1 cuil. à soupe d'ail en semoule / graines de lin
variante moutarde : moutarde / graines de courge /1 pincée de graines de moutarde

tartine sainte-maure

10 pers. (buffet)
Prép. : 10 min
Cuisson : 20 min
3 p.84-85

1 bûche de sainte-maure-de-touraine, 1 baguette de pain, 2 pommes, 1 cuil. à café de piment d'Espelette, 1 cuil. à soupe de miel, 1 branche de romarin, poivre du moulin

Préchauffer le four à 200 °C. Découper la baguette en tranches de 2 cm. Enlever la paille de la bûche et la découper en tranches de 1 cm. Mandoliner les pommes. Disposer 1 tranche de pomme puis 1 tranche de fromage sur chaque tranche de pain. Saupoudrer chaque tranche d'une pincée de piment d'Espelette et de quelques brins de romarin. Ajouter quelques gouttes de miel et un tour de poivre du moulin. Déposer les tartines dans la lèchefrite du four et enfourner. Laisser cuire environ 20 minutes. Retirer quand le fromage commence à fondre. Déguster aussitôt.

sobrasada

10 pers. (buffet)
Prép. : 10 min
Cuisson : 15 min
4 p.84-85

1 tranche de sobrasada par tartine, pain de campagne tranché, 1 filet d'huile d'olive, 1 tomate, 3 gousses d'ail, 1 petit piment, quelques brins d'herbes de saison

Frotter la tranche de pain avec une gousse d'ail coupée en deux, puis la frotter avec la tomate coupée en deux, le jus et la pulpe doivent imprégner le pain. Étaler la sobrasada sur la tartine. Verser un filet d'huile d'olive. Ajouter un petit piment et des herbes de saison. Couper les tartines en 4 à 6 petites parts. Enfourner les tartines en mode gril pendant 10 à 15 minutes.

tartine endive, bleu et noix

10 pers. (buffet)
Prép. : 15 min

1 endive rouge, 1 endive jaune, ½ bleu d'Auvergne, 100 g de cerneaux de noix concassés, 5 cl d'huile d'olive, 2 cl de vinaigre de cidre

Couper la base des endives. Détacher les feuilles et les laver. Disposer sur une grande assiette plate chaque pétale d'endive sur son dos en rosace en alternant les couleurs. Émietter le bleu dans chaque feuille d'endive et ajouter des cerneaux de noix. Avant d'envoyer, arroser d'un filet d'huile d'olive et de vinaigre de cidre.

champignons farcis

8 pers. (buffet)
Prép. : 10 min

700 g de champignons de Paris, 300 g de la mousse de votre choix : p.81, 1 poignée de fruits secs (facultatif)

Rincer les champignons, les essuyer avec un torchon, enlever le pied. Les farcir à la poche de la mousse de votre choix. Pour plus de gourmandise : on peut rajouter n'importe quel fruit sec grossièrement concassé : noix, noisettes...

tapenade

20 pers. (buffet)
Prép. : 15 min
Matériel
mixeur

5 p.84-85

300 g d'olives noires ou vertes dénoyautées, 2 gousses d'ail, 2 cuil. à soupe de câpres, 1 cuil. à café de piment au choix, 8 filets d'anchois à l'huile, 10 cl d'huile d'olive extra-vierge, 1 cuil. à café de thym ou d'origan séché, 1 pincée de poivre

Dans le bol d'un mixeur, mettre les olives noires dénoyautées, les câpres, l'ail pelé et dégermé, les filets d'anchois, le thym, le poivre et le piment. Mixer avec quelques pulsions pour mélanger l'ensemble. Ajouter l'huile d'olive progressivement en mixant à chaque fois pour lier les ingrédients, et mixer jusqu'à ce que vous ayez obtenu la texture que vous aimez : moins vous mixez, plus vous aurez des petits morceaux ; plus vous mixez, plus vous aurez une texture uniforme et crémeuse.

houmous

10 pers. (buffet)
Prép. : 10 min
Matériel
mixeur

6 p.84-85

300 g de pois chiches en boîte, 3 cuil. à soupe de tahin, le jus de 1 citron, huile d'olive, sel, 1 cuil. à café de cumin, 2 gousses d'ail, idéalement : huile de sésame (sinon olive), piment au choix

Égoutter les pois chiches en prenant soin de garder le jus. Les mixer légèrement en ajoutant un peu de leur jus. Ajouter le tahin, le jus de citron, l'ail pelé et dégermé, le cumin, le sel, une pincée de piment et continuer de mixer en incorporant l'huile petit à petit jusqu'à obtenir une texture homogène et crémeuse. Décorer avec un filet d'huile de sésame, une pincée de cumin et de piment

astuce : Remplacer l'œuf d'une mayonnaise (recette p.190) par 60 ml d'« aquafaba » (eau des pois chiches) pour réaliser une mayonnaise végane.
le menu s'écrit tout seul : Pour mutualiser les ingrédients, fonctionne avec la salade de pois chiches p.92.

tzatziki

10 pers. (buffet)
Prép. : 1 h 15
Matériel
robot

3 concombres, 500 g de yaourts grecs, 3 gousses d'ail, le jus de 1 citron jaune, 10 cl d'huile d'olive, ¼ de botte de ciboulette, ¼ de botte de menthe, sel

Laver, couper en deux et égrainer les concombres. Les frotter abondamment au sel pour les faire dégorger pendant 1 heure. Dans un robot, râper les concombres, presser l'ail, ajouter les herbes mixées, le jus de citron, le sel, l'huile d'olive et mélanger avec le yaourt grec. Mélanger. Conserver quelques brins d'herbes pour la décoration.

caviar d'aubergine

10 pers. (buffet)
Prép. : 30 min
Cuisson : 30 min
Matériel
robot

2 grosses aubergines, 10 cl d'huile d'olive, le jus de 1 citron jaune, 3 gousses d'ail, 2 cuil. à café de cumin, sel, poivre du moulin

Préchauffer le four à 180 °C. Laver, couper les aubergines dans le sens de la longueur. Quadriller les chairs et arroser d'un filet d'huile d'olive. Les déposer sur une plaque de four recouverte de papier cuisson. Enfourner pendant 25 à 30 minutes. Laisser refroidir. Récupérer la chair avec une cuillère à soupe. Verser dans le bol du robot. Ajouter le jus de citron, l'ail pressé, le cumin, saler, poivrer, mélanger, ajouter de l'huile d'olive selon la consistance attendue.

guacamole l'original

10 pers. (buffet)
Prép. : 5 min
7 p.84-85

4 avocats, le jus de 1 citron, ¼ de botte de coriandre

Quelques minutes avant le service, fendre les avocats en deux. Ôter le noyau, récupérer la chair avec une cuillère à soupe. Ciseler la coriandre, ajouter aux avocats avec le jus de citron. Mélanger et écraser à la fourchette.

guacamole traiteur

20 pers. (buffet)
Prép. : 5 min
Matériel
mixeur

6 avocats, 250 g de fromage frais, 1 oignon rouge ou 3 cébettes, 2 citrons verts, 2 pincées de sel, 1 pincée de piment de Cayenne (ou quelques gouttes de Tabasco), 2 grosses pincées de cumin, 1 cuil. à soupe de feuilles de coriandre

Couper grossièrement l'oignon. Fendre les avocats en deux. Ôter le noyau, récupérer la chair avec une cuillère à soupe, la disposer dans la cuve du mixeur. Ajouter le jus de citron vert, le sel, le piment et le cumin et mixer. Ajouter le fromage frais, les dés d'oignon et la coriandre ciselée. Mélanger à nouveau, goûter pour rectifier l'assaisonnement.

le menu s'écrit tout seul : Les avocats trop durs pour le guacamole pourront être grillés, p.136.

mousse de betterave

20 pers. (buffet)
Prép. : 5 min
Matériel
mixeur
8 p.84-85

1 kg de betteraves cuites en morceaux, 500 g de fromage frais, le jus de 2 citrons verts, 12 g de sel, 3 g de poivre, 15 g de cumin, 5 g de gingembre en poudre

Égoutter les betteraves. Tout mélanger dans le mixeur et mixer jusqu'à l'obtention de la texture attendue. Stocker en poche.

le menu s'écrit tout seul : Réserver le jus des betteraves pour réaliser les pickles d'œufs, p.75.

mousse de chèvre

20 pers. (buffet)
Prép. : 5 min
Matériel
robot
9 p.84-85

500 g de fromage frais style Petit Billy, 1 l de crème à 35 % de MG, 1 pincée de piment d'Espelette, 1 cuil. à soupe de noisettes concassées, 5 cl d'huile d'olive, sel, poivre, ½ botte d'aneth

Mélanger tous les éléments au fouet du robot, s'arrêter une fois la crème bien montée. Stocker en poche.

mousse de ricotta

20 pers. (buffet)
Prép. : 5 min
Matériel
robot

500 g de ricotta, 1 l de crème à 35 % de MG, 1 cuil. à café d'origan, 1 cuil. à café de sauge en poudre, 2 cuil. à soupe de câpres, 150 g de tomates séchées égouttées

Hacher grossièrement les tomates séchées et les câpres. Mélanger tous les éléments et mélanger au fouet du robot, s'arrêter une fois la crème bien montée. Stocker en poche.

pesto été basilic

8 pers. (buffet)
Prép. : 5 min
Matériel
presse-ail
mixeur

10 p.84-85

100 g de basilic frais, 100 g de pignons de pin (ou remplacer par un fruit à coque : amande, noix, noisette, sur le principe de la variante pistache), 100 g de parmesan, 2 gousses d'ail épluchées et dégermées, 150 g d'huile d'olive

Râper le parmesan s'il est en bloc. Nettoyer le basilic et le mixer. Ajouter les gousses d'ail passées au presse-ail, le parmesan puis mixer le tout avec les pignons tout en versant l'huile d'olive jusqu'à la consistance voulue.

variante pesto carotte : remplacer le basilic par des fanes de carotte.
variante pesto épinards : remplacer le basilic par des pousses d'épinard.
variante pesto menthe : remplacer le basilic par des feuilles de menthe.
variante pesto pistache : remplacer la poudre d'amande ou les pignons par des pistaches.

pan con tomate

10 pers. (buffet)
Prép. : 10 min
Cuisson : 15 s
Matériel
mixeur

11 p.84-85

5 tomates, 4 gousses d'ail pelées et dégermées, 10 cl d'huile d'olive, sel, poivre, croûtons

Peler vos tomates (après les avoir passées 15 secondes dans une eau frémissante pour décoller la peau), coupez-les en gros morceaux et mettez-les dans le bol du mixeur avec les gousses d'ail écrasées, l'huile d'olive, le sel et le poivre. Mixer le tout et proposer cette préparation dans un bol avec une grosse cuillère pour se servir, avec du pain grillé à côté. Vos invités se feront leurs propres tartines et le pain ne sera pas détrempé par l'attente.

les astuces des tartinades

ROBOT FOUET
Mélanger au fouet permet de faire monter les crèmes (35% de matière grasse) et les fromages, donnant plus de volume à vos préparations. Les écraser à la fourchette concentre davantage les arômes, mais les quantités seront réduites.

SÉJOUR AU FRAIS
En laissant la cuve de votre robot au congélateur quelques minutes avant utilisation, vous favorisez la montée des crèmes en chantilly. Une astuce, très utile l'été par forte chaleur.

POCHE PÂTISSIÈRE
Stockez ces préparations dans des poches pâtissières : elles seront plus faciles à transporter et vous pourrez ainsi directement remplir les bols qui vont les contenir ou décorer les tartines.

beurre cornichon ciboulette

10 pers. (buffet)
Prép. : 5 min

8 p.76-77

250 g de beurre demi-sel, 6 cornichons, 10 brins de ciboulette

Faire ramollir une demi-plaquette de beurre. Tailler les cornichons en julienne et ciseler la ciboulette. Mélanger le tout à la fourchette. Le beurre est prêt à être tartiné sur du pain. Délicieux avec tous les fromages, surtout ceux à pâte dure ! Mais aussi avec des légumes croquants.

anchoïade

20 pers. (buffet)
Prép. : 15 min
Matériel
mixeur

12 p.84-85

25 filets d'anchois à l'huile, 30 cl d'huile d'olive vierge extra, 1 c. à soupe de câpres, 1 gousse d'ail, feuilles de persil plat (facultatif), 30 g de parmesan, 2 tranches de pain dur ou biscotte, poivre

Couper les anchois en morceaux puis les mettre dans un mixeur avec l'ail en morceaux, les feuilles de persil ciselées et les câpres. Ajouter l'huile en deux fois tout en continuant à mixer afin d'avoir une sorte de pâte fine. Ajouter le parmesan et le pain dur pour épaissir. Poivrer. Servir en apéritif, sur des tranches de pain toastées et/ou avec des crudités.

sardinade

10 pers. (buffet)
Prép. : 15 min
Matériel
mixeur

1 boîte de sardines à l'huile (grosses), 1 boîte de fromage à tartiner, ciboulette, 1 citron, 2 échalotes

Mixer les sardines entières (arête comprise) avec du fromage à tartiner, la ciboulette et les échalotes, ajouter le jus du citron.

mousse de thon

8 pers. (buffet)
Prép. : 10 min
Matériel
robot

4 p.108-109

200 g de thon au naturel, 125 g de fromage à tartiner, 1 oignon rouge, 1 citron jaune, ¼ de botte de ciboulette, ¼ de botte de persil, poivre, 1 cuil. à café de gingembre râpé, 1 cuil. à café de baies roses, 1 pincée de piment de Cayenne

Égoutter le thon en boîte et l'émietter. Peler et hacher finement l'oignon. Couper en deux le citron jaune et le presser afin d'en récupérer le jus. Ciseler la ciboulette et le persil. Verser dans la cuve du robot : le thon émietté, le fromage à tartiner, l'oignon haché, la ciboulette, le persil ciselé, le gingembre, le jus de citron, les baies roses froissées dans la paume de la main et le piment. Mélanger le tout au robot.

variante wasabi : **remplacer les herbes par 3 g de wasabi.**
variante gingembre : **remplacer les herbes par 1 cuil. à café de gingembre râpé.**

tarama

8 pers. (buffet)
Prép. : 15 min
Matériel
mixeur

200 g d'œufs de cabillaud, 120 g de mie de pain, 32,5 cl d'huile de colza, 15 cl d'huile d'olive, le jus de 1 citron

Ramollir la mie de pain en l'imbibant d'eau. Enlever l'excédent d'eau en pressant légèrement le pain. Mixer doucement les œufs de cabillaud avec le pain ramolli et un tiers de l'huile de colza. Ajouter doucement le reste d'huile de colza, puis l'huile d'olive. Finir avec le jus de citron.

2
1
12
10
3
9

11
7
8
4
5
6

SOUPES FROIDES

Qu'elle introduise une tablée estivale ou pour temporiser un buffet, la soupe froide rafraîchit et régénère les organismes. On peut également la programmer pour un lendemain de fête, plus efficace qu'un paracétamol !

froid / trajet / *healthy* / rapide à manger / pas ou peu d'aide / rapide à servir / à table / en verrine individuelle

8 pers. (à table)
Prép. : 5 min
Repos : 12 h
Cuisson : 30 min

Ingrédients
3 courgettes
100 g de feta
1 gousse d'ail
¼ de botte de menthe
1 pincée de piment d'Espelette
huile d'olive
Matériel
blender

soupe froide de courgette

La veille. Laver, éplucher et découper grossièrement les courgettes. Les déposer dans une casserole et mouiller d'eau à hauteur. Ajouter l'ail épluché et dégermé. Lancer l'ébullition. Une fois à ébullition, compter 20 minutes. Mixer le tout. Laisser refroidir. Filmer au contact.
Quelques minutes avant dégustation, préparer la mise en place : émietter la feta et ciseler la menthe. Servir chaque bol de soupe avec une poignée de feta, quelques feuilles de menthe et une pincée de piment d'Espelette.

8 pers. (à table)
Prép. : 10 min
Repos : 2 h

Ingrédients
1 kg de tomates
2 poivrons rouges
2 concombres
1 oignon
2 gousses d'ail
200 g de mie de pain
20 cl d'huile d'olive
5 cl de vinaigre de vin
sel
Matériel
blender

gaspacho

Laver les tomates et les poivrons et les couper en morceaux. Peler les concombres, puis les couper grossièrement. Peler l'ail et l'oignon et les couper en deux. Ajouter le tout dans un blender, puis mixer quelques secondes. Ajouter le pain en morceaux, le sel, le vinaigre et l'huile d'olive. Mixer de nouveau jusqu'à ce que le mélange soit homogène. Rectifier l'assaisonnement au besoin. Laisser 2 heures au réfrigérateur. Rajouter un filet d'huile d'olive au moment de servir.

le menu s'écrit tout seul : Vous pouvez rajouter des morceaux de pastèque du carpaccio p.73.
variante gaspacho vert : 1 kg de concombres / 2 poivrons verts / 2 tomates / 1 oignon / 2 gousses d'ail / 200 g de pain de campagne / 20 cl d'huile d'olive / 5 cl de vinaigre de vin / 1 verre d'eau froide / sel

SOUPE FROIDE DE COURGETTE →

LES SALADES

Qu'il s'agisse de salades devenues des institutions – comme le taboulé ou la piémontaise – ou des salades de saison – faites avec les ingrédients du marché –, les salades sont les inconditionnelles des grandes tablées. Mais la salade a parfois été reléguée au rôle de faire-valoir, représentant la famille « légumes », alors que seuls comptaient véritablement la viande et les féculents. Aujourd'hui les salades composées méritent toute notre attention, dans leur réalisation et leur présentation.

froid / très nombreux / pas ou peu de matériel / trajet / profiter des invités / rapide à servir / convivial et festif

8 pers. (à table)
Prép. : 10 min
Repos : 1 h
Cuisson : 1 min

Ingrédients
250 g de semoule
2 grosses tomates
1 concombre
le jus de 1 citron
le jus de 1 citron vert
½ bouquet de menthe
2 cuil. à soupe d'huile d'olive
herbes de Provence
basilic
zeste de 1 citron
1 citron confit
olives noires
1 oignon rouge
sel, poivre du moulin

taboulé

Prélever le zeste d'un citron jaune et le faire blanchir, réserver. Verser la semoule dans un saladier. Ajouter l'huile d'olive, le jus de citron et le jus du citron vert. Couper le concombre, les tomates et un demi-citron confit en petits morceaux. Ajouter les légumes à la semoule. Mélanger bien le tout. Rajouter la menthe, le basilic et les herbes de Provence. Saler et poivrer. Laisser gonfler au frigo pendant 1 heure (la semoule va gonfler avec le jus des légumes et l'huile). Égrener à l'aide d'une fourchette avant de servir. Servir avec des fines lamelles d'oignon rouge, des olives noires, des feuilles de menthe et les zestes de citron blanchis.

le petit + : Pour plus de rapidité, remplacer les zestes de citron blanchis par davantage de citron confit. C'est l'acidité du citron qui va donner toute sa personnalité à ce taboulé.

8 pers. (à table)
Prép. : 5 min

Matériel
mandoline
Ingrédients
800 g de chou blanc
4 carottes
200 g de mayonnaise
1 bouquet de ciboulette
200 g de fromage blanc
2 cuil. à soupe de vinaigre de cidre
sucre et sel

coleslaw

Mandoliner chou et carottes. Mélanger le fromage blanc et la mayonnaise. Ajouter le vinaigre, une pincée de sel et de sucre et la ciboulette ciselée. Ajouter au mélange chou et carotte. Filmer au contact et réserver au frais. Servir dans plusieurs petits saladiers.

le petit + : Conservez quelques morceaux crus de chou et de carotte mandolinés, ainsi qu'une pincée de ciboulette ciselée, afin de décorer les plats. Vous pouvez également ajouter des graines de sésame blanches et noires pour la finition.

TABOULÉ →

salade niçoise

8 pers.
(à l'assiette)
Prép. : 30 minutes
Cuisson : 9 min
Matériel
mandoline

10 tomates, 2 cébettes, 3 poivrons verts, 1 mesclun, 4 œufs, anchois, olives noires, huile d'olive, 2 concombres, ½ botte de radis roses, sel et poivre du moulin

Faire cuire les œufs durs pendant 9 minutes à l'eau bouillante. Couper les tomates en tranches à l'aide d'un couteau à pain. Couper et éplucher en alternant la moitié de la peau du concombre. Mandoliner concombre et radis. Couper en dés les poivrons. Ciseler la cébette. Nettoyer et essorer le mesclun. Déposer tous les ingrédients sur des plats les moins profonds possible. Finir avec les œufs coupés en deux, les anchois, les olives et un filet d'huile d'olive.

le petit plus : Pour plus de personnalité, vous pouvez relever la salade avec 1 cuil. à café de harissa.
le menu s'écrit tout seul : Une recette qui invite à finir les anchois dans l'anchoïade, p.83.

salade piémontaise

8 pers.
(à l'assiette)
Prép. : 10 min
Cuisson : 30 min

800 g de pommes de terre nouvelles, 2 tranches de jambon épaisses de 200 g chacune, 4 œufs, 8 cornichons russes, 1 branche de tomates cerises, ½ botte de ciboulette, 4 cuil. à soupe de mayonnaise, 100 g de fromage blanc, sel et poivre du moulin

Faire cuire les œufs durs pendant 9 minutes à l'eau bouillante. Démarrer la cuisson des pommes de terre (lavées) à froid et compter 20 minutes à ébullition. Mélanger la mayonnaise, le fromage blanc et les pommes de terre. Ciseler la ciboulette, détailler le jambon en cubes, couper les œufs durs en quatre, les tomates cerises en deux, détailler les cornichons. Réserver un quart de tous ces ingrédients et mélanger le reste à la préparation des pommes de terre.
Répartir en plusieurs saladiers et décorer avec les éléments frais réservés.

le menu s'écrit tout seul : Une recette qui permet d'utiliser les restes du jambon de Noël, p.144.

caponata

8 pers.
(à l'assiette)
Prép. : 15 min
Cuisson : 35 min

1 kg d'aubergines, 50 g de câpres, 100 g d'olives noires, 600 g de tomates pelées, 1 cuil. à soupe de concentré de tomates, 2 poivrons verts, 2 poivrons rouges, 2 oignons, 1 carotte, 1 gousse d'ail, 2 branches de céleri, 2 cuil. à soupe de sucre en poudre, huile d'olive, 15 cl de vinaigre de vin, 7 cl d'eau, sel et poivre du moulin

Faire revenir les oignons émincés, les poivrons coupés en lanières et la carotte émincée dans une poêle avec un peu d'huile. Après 5 minutes, ajouter la gousse d'ail émincée, puis le céleri émincé, sel et poivre. Faire revenir encore 10 minutes et réserver. Remettre un peu d'huile et faire revenir 10 minutes les aubergines coupées en gros dés, saler et poivrer. Remettre le tout dans la même poêle. Ajouter la boîte de tomates pelées, le concentré de tomates, les câpres, les olives noires, le vinaigre de vin, le sucre. Porter à ébullition puis laisser mijoter 15 minutes. Servir frais.

le menu s'écrit tout seul : À composer sur un week-end avec un caviar d'aubergine en entrée d'un autre repas, p. 80.

salade grecque
8 pers.
(à l'assiette)
Prép. : 10 min
Matériel
mandoline

8 tomates, 2 concombres, 2 oignons rouges, 300 g de feta, 150 g d'olives noires dénoyautées, 1 salade romaine, origan séché
vinaigrette : 2 citrons jaunes, 5 cl d'huile d'olive, sel et poivre du moulin
Mélanger les éléments de la vinaigrette dans un bol. Laver les légumes. Couper les tomates en quartiers. Mandoliner les concombres. Ciseler finement les oignons rouges. Mélanger les éléments. Proposer la vinaigrette en libre-service afin qu'elle ne cuise pas la salade.

salade thaïe
8 pers.
(à l'assiette)
Prép. : 10 min
Matériel
mandoline

2 papayes vertes, 2 carottes, 1 grappe de tomates cerises, 3 cuil. à soupe de cacahuètes grillées, 4 gousses d'ail, du piment rouge frais au goût, 3 cuil. à soupe de sucre, ½ citron vert, 5 cuil. à soupe de nam pla (sauce de poisson fermentée thaïe) ou de nuoc-mâm
Stéphane Ruiz tient un *food-truck* de cuisine asiatique, il nous donne sa recette de salade thaïe.
Couper les papayes en deux, enlever les pépins, laver et essuyer. Éplucher les carottes. Couper les papayes et les carottes en julienne de 10 cm de longueur à la mandoline. Couper les tomates cerises en deux. Peler l'ail et l'écraser dans un mortier avec le piment et le sucre. Ajouter le nam pla et le jus des citrons. Continuer à écraser et à mélanger. Ajouter la sauce ainsi obtenue aux légumes, parsemer de cacahuètes pilées et bien mélanger les ingrédients.
Vous pouvez ajouter un petit peu de haricots longs ou des haricots verts, et aussi des crevettes, de la coriandre, pourquoi pas de la menthe...

salade méchouïa
8 pers.
(à l'assiette)
Prép. : 10 min
Cuisson : 1 h 20 min

2 grosses aubergines, 2 oignons rouges, 2 gros poivrons rouges, 6 tomates, 2 piments rouges doux ou 1 cuil. à café de harissa, 8 cl d'huile d'olive, 1 petite gousse d'ail pelée et écrasée, 1 cuil. à soupe de vinaigre (xérès si possible), sel
Dans une grande poêle sur feu vif, déposer les aubergines entières, les oignons et les poivrons, avec la peau. Cuire 1 heure. Tourner les légumes toutes les 15 minutes jusqu'à ce qu'ils soient bien carbonisés et complètement cuits. Débarrasser et laisser refroidir. Répéter l'opération avec les tomates et les piments, les faire cuire environ 20 minutes en les retournant régulièrement. Débarrasser et laisser refroidir. Ces opérations sont également réalisables sur une plaque au four à 200 °C. Éplucher sans garder les peaux, égrener les poivrons ainsi que les piments. Hacher grossièrement les légumes et les mettre dans un grand bol. Attention à bien garder tout le bon jus des légumes lorsque vous rassemblez le tout dans ce bol. Ajouter l'huile d'olive, l'ail et le vinaigre. Saler et bien mélanger. Servir à température ambiante.

taboulé libanais

8 pers.
(à l'assiette)
Prép. : 30 min
Matériel
écumoire

800 g de tomates, 100 g de boulgour très fin, 2 cébettes, le jus de 2 citrons, 2 bottes de persil plat, ½ botte de menthe, huile d'olive, sel, poivre du moulin

Tremper le boulgour dans un grand volume d'eau. À l'aide d'une écumoire, récupérer les impuretés à la surface. Égoutter le boulgour dans un torchon puis le presser. Réserver dans un saladier. Couper les tomates en petits dés, puis les disposer uniformément sur le boulgour. Émincer les cébettes et ajouter sur les tomates. Presser dessus les citrons. Laver et essorer les herbes, les hacher finement. Mélanger le tout. Ajouter un filet d'huile d'olive et assaisonner avant de dresser dans plusieurs saladiers.

fenouil parmesan

8 pers.
(à l'assiette)
Prép. : 10 min
Matériel
mandoline

3 bulbes de fenouil, 1 gros bouquet de persil, 50 g de câpres (égouttées) 150 g d'amandes entières, 250 g de parmesan, 1 citron, sel, poivre du moulin, huile d'olive

Émincer finement le fenouil à la mandoline. Ajouter le persil haché, les câpres, des amandes concassées avec un pilon (ou à l'aide d'un couteau) et le parmesan en copeaux. Assaisonner avec le jus du citron, du sel, du poivre et arroser généreusement d'huile d'olive.

pastèque tomates

8 pers.
(à l'assiette)
Prép. : 15 min

½ pastèque, 1 kg de tomates, 200 g d'olives noires dénoyautées, 1 oignon rouge, ¼ de botte de menthe ou d'estragon, 200 g de feta, 7 cl d'huile d'olive, 3 cl de vinaigre balsamique, sel, poivre du moulin

Couper les tomates en tranches à l'aide d'un couteau à pain. Retirer la peau de la pastèque et la couper en cubes. Émincer les feuilles de menthe puis l'oignon rouge. Mélanger toute cette mise en place avec la feta et les olives en réservant un peu de menthe et de feta, et répartir dans plusieurs saladiers afin d'éviter que le poids n'écrase pastèque et tomates. Décorer avec le reste de feta et la menthe. Au dernier moment, verser l'huile d'olive, le vinaigre balsamique, sel, poivre.

pois chiches

8 pers.
(à l'assiette)
Prép. : 15 min

500 g de pois chiches cuits et égouttés, 7 cl d'huile d'olive, 2 cuil. à soupe de graines de cumin, 1 g de harissa, 2 cuil. à soupe de paprika, 500 g de tomates cerises, ¼ de botte de persil, 1 oignon rouge, sel, poivre du moulin, 200 g de feta

Si possible, torréfier les graines de cumin à sec dans une poêle (facultatif si on est pressé). Mélanger dans le fond d'un cul-de-poule toutes les épices et la harissa avec l'huile d'olive. Ajouter à ce mélange les pois chiches et mélanger afin qu'ils soient bien imprégnés. Émincer finement l'oignon rouge ainsi que le persil. Ajouter au mélange, puis ajouter les tomates cerises coupées en deux et remuer doucement. Dresser et finir avec la feta émiettée, une pincée de persil et un filet d'huile d'olive.

épinards figues

8 pers.
(à l'assiette)
Prép. : 10 min

600 g de pousses d'épinard, 8 figues fraîches, 200 g de ricotta, 7 cl d'huile d'olive, 3 cl de vinaigre balsamique, graines de lin ou pignons de pin

Laver puis essorer les pousses d'épinard. Quelques minutes avant le service, travailler les épinards avec le vinaigre balsamique. Hacher grossièrement les figues. Émietter la ricotta et mélanger le tout. Finir avec un filet d'huile et les graines de lin.

lentilles pommes

8 pers.
(à l'assiette)
Prép. : 20 min
Cuisson : 30 min
Matériel
mandoline

300 g de lentilles, 300 g de poitrine de porc fumée, 4 pommes, le jus de 1 citron, 1 bouquet de ciboulette, 2 picodons frais ou autre fromage de chèvre, 7 cl d'huile d'olive, 5 cl de vinaigre de cidre, sel, poivre du moulin

Faire cuire les lentilles, départ eau froide environ 20 minutes à partir de l'ébullition. Égoutter. Détailler la poitrine en gros lardons et les griller à la poêle. Déglacer avec 2 cl du vinaigre. Mandoliner les pommes. Les faire mariner 10 minutes dans le jus de citron. Émincer la ciboulette. Mélanger le tout. Finir en émiettant le fromage de chèvre sur le dessus et ajouter un filet d'huile.

le menu s'écrit tout seul : Une recette qui partage des ingrédients avec les tartines de chèvre, p.81, à alterner sur plusieurs repas.

endives fromage

8 pers.
(à l'assiette)
Prép. : 10 min

10 endives, 250 g de bleu d'Auvergne ou de comté, 3 pommes ou poires, 200 g de cerneaux de noix, 1 bouquet de ciboulette, le jus de 1 citron, 7 cl d'huile d'olive, 3 cl de vinaigre de cidre, sel, poivre du moulin

Laver les fruits et légumes. Effeuiller les endives. Ciseler la ciboulette. Détailler les pommes ou les poires en cubes, les arroser du jus de citron. Émietter le bleu ou détailler le comté en cubes. Mélanger tous les ingrédients, finir par une pincée de ciboulette et un trait d'huile.

le menu s'écrit tout seul : Une recette qui partage beaucoup d'ingrédients avec les tartines endive, bleu et noix, p.79, à alterner sur plusieurs repas.

chou rouge agrumes

8 pers.
(à l'assiette)
Prép. : 10 min
Matériel
mandoline

p.94-95

½ chou rouge, 3 pommes, 4 endives rouges, 1 échalote, 1 grosse poignée de graines de courge, 1 bouquet de persil, 1 bloc de feta, 1 orange et/ou 1 pamplemousse, 7 cl d'huile d'olive, 3 cl de vinaigre de cidre, sel, poivre du moulin

Émincer à la mandoline le chou rouge et les pommes. Couper les endives en rondelles. Peler puis émincer finement l'échalote. Émietter la feta. Ajouter les graines de courge. Émincer le persil. Peler à vif les agrumes et prélever les quartiers. Mélanger le tout.

LA CHARCUTERIE

Vous perdrez moins de temps à commander votre charcuterie et la faire soi-même n'est pas forcément plus économique. Sauf pour les préparations festives, comme le foie gras, les magrets séchés et le pâté croûte ! Ce chapitre est réservé aux plus joueurs d'entre vous qui cherchent un tonnerre d'applaudissements au moment de couper leur propre pâté croûte ou foie gras maison.

froid / s'anticipe / bonne conservation / festif / régressif / gourmand / trajet / rapide à manger / profiter des invités

magret séché de Maison Baroc

1 magret séché pour 6-8 pers. (en buffet)
Prép. : 10 min
Repos : 3 semaines

1 p.104-105

1 magret de canard de 500 g, 1 l de vin rouge, 1 kg de gros sel, poivre moulu, épices au choix

Faire mariner le magret de canard 24 heures dans du vin rouge au frais. Sortir le magret du frigo, le sécher et le recouvrir de sel. Réserver pendant au minimum 24 heures au frais. Le sortir du sel, le rincer et le sécher avec un papier absorbant. Le saupoudrer largement de poivre noir moulu et de l'épice de votre choix (piment d'Espelette, thym et romarin séchés. Enrouler au centre d'un torchon propre et sec et former une ballottine. Le laisser sécher pendant 3 semaines minimum dans le bas du réfrigérateur. Plus vous le laissez, plus il sèche et durcit. Le couper en tranches fines et déguster.

filet mignon séché

1 filet mignon séché pour 6-8 pers. (en buffet)
Prép. : 10 min
Repos : 3 semaines
Matériel
moule à cake

1 filet mignon de 500 g, 1 kg de gros sel, 3 cuil. à soupe de thym, 2 cuil. à soupe de baies roses, poivre

Parer le filet mignon en enlevant les excès de gras. Dans un récipient de type moule à cake, déposer la moitié du sel. Frotter la viande avec les baies roses et les épices. La déposer dans le moule et recouvrir avec le reste du sel. Réserver pendant 24 heures. Rincer et sécher le filet avec du papier absorbant, poivrer légèrement. Enrouler au centre d'un torchon propre et sec et former une ballottine. Le laisser sécher pendant 3 semaines minimum dans le bas du réfrigérateur. Plus vous le laissez, plus il sèche et durcit. Le couper en tranches fines et déguster.

les astuces de la charcuterie

DÉCOUPE

Tout comme une viande, une charcuterie se découpe plus facilement froide en sortant du frigo. Si possible, à la trancheuse.

ASSAISONNEMENT

Dans une terrine, compter environ 1 cuil. à soupe de sel et 1 cuil. à café de poivre par kilo de farce.

QUANTITÉS

Proposez vos charcuteries déjà découpées et prévoyez du réassort, ne les sortez pas au début d'un buffet. Vous les économiserez en les disposant sur des tartines composées.

le pâté en croûte ris de veau de Maison Baroc

12 pers. (buffet)
Prép. : 3 jours
Cuisson : 1 h
Repos : 72 h
Matériel
moule à pâté croûte
pince à chiqueter (facultatif)
hachoir
rouleau à pâtisserie

1 p.98-99

Pâte : 500 g de farine T55, 200 g de beurre pommade, 100 g d'eau, 10 g de sel, 5 g de sucre, 1 œuf entier
Mise au sel : 450 g de poitrine de porc désossée et découennée, 300 g d'échine de porc, 2,5 g de poivre, 20 g de sel, 16 g de cognac, 600 g de noix pâtissière, 500 g de ris de veau
Farce à gratin : 30 g d'oignon, 8 g d'ail, beurre, 50 g de morilles entières, 1 jaune d'œuf, 2 œufs entiers, 15 g de poivre.
Gelée : bouillon, 100 g de gélatine/litre de bouillon

Sylvain Andreux est un charcutier passionné qui réalise de magnifiques pâtés croûte. Il nous livre ici l'une de ses meilleures recettes.

Jour 1. Confection de la pâte. Sabler le beurre dans la farine puis ajouter en une seule fois le sel et le sucre délayés dans l'eau et l'œuf. Travailler jusqu'à obtenir une pâte homogène et lisse. Abaisser grossièrement. Filmer et laisser reposer 24 heures au frigo.
Mise au sel : Couper la poitrine de porc et l'échine en cubes de 3 cm par 3 cm environ. Ajouter 1,5 g de poivre et 13 g de sel. Ajouter 8 g de cognac. Bien mélanger, filmer au contact ou placer sous-vide et réserver jusqu'au lendemain.

Jour 2 : Détailler la noix pâtissière puis ajouter 1 g de poivre et 7 g de sel. Ajouter 8 g de cognac. Blanchir et nettoyer le ris de veau. Bien mélanger, filmer au contact ou placer sous-vide et réserver jusqu'au lendemain.

Jour 3 : Hacher l'oignon et l'ail et faire suer dans du beurre sans coloration. Laisser refroidir et hacher finement cette farce à gratin.
Préparer les morilles entières. Hacher au hachoir l'échine et la poitrine préparées la veille puis y ajouter la farce à gratin, avec le poivre et les œufs entiers. Ajouter les morilles. Ajouter les lèches de veau et les ris.
Malaxer pour obtenir une mêlée homogène et réserver au frais le temps de foncer le moule beurré avec la pâte abaissée à 2,5 mm. Laisser un rebord de pâte de 2 cm dépasser du moule. Souder les bords intérieurs entre eux avec un peu d'eau. Garnir le moule de la mêlée en tassant bien jusqu'en haut du moule. Passer un peu d'eau sur le surplus de pâte puis déposer un couvercle de pâte. Chiqueter pour souder le couvercle à la pâte.
Percer deux à trois cheminées. Décorer et dorer avec le jaune d'œuf légèrement dilué à l'eau et salé. Préchauffer le four à 220 °C. Enfourner à chaud et cuire pendant 20 minutes. - Baisser le four à 120 °C jusqu'à atteindre les 68 °C à cœur (environ 1 h). Sortir du four et laisser refroidir. Mettre au frigo une fois refroidi.

Jour 4 : Couler une gelée composée de bouillon et de 100 g de feuilles de gélatine par litre de bouillon. Laisser refroidir et démouler.

3
1

2
5
4

pounti

6 pers.
(buffet)
Prép. : 25 min
Cuisson : 1 h

2 p.98-99

200 g de poitrine fumée, 100 g de pruneaux séchés dénoyautés, 2 poignées de feuilles d'épinard, 150 g de farine, ½ sachet de levure chimique, 3 œufs, 25 cl de lait, ½ botte de persil, 10 branches de thym, 1 oignon, 1 cuil. à soupe de sel et de poivre

Préchauffer le four à 180 °C. Faire tremper les pruneaux dans de l'eau chaude, égoutter et réserver. Hacher la poitrine, l'oignon et le persil. Ajoutez des pluches de thym et 25 g de pruneaux. Mélanger les œufs, la farine et la levure en une pâte homogène. Ajouter le lait peu à peu. Mélanger les deux préparations. Saler et poivrer. Ajouter les feuilles d'épinard en longues lanières. Verser dans un moule à cake beurré, répartir les pruneaux entiers uniformément. Faire cuire pendant 1 heure. Stocker au froid, démouler et déguster froid ou tiède.

le menu s'écrit tout seul : À l'automne, commandez davantage d'épinards pour réaliser également la salade épinards figues, p.93.

rillettes

pour 1 kg de rillettes
Prép. : 30 min
Cuisson : 5 h
Repos : 24 heures
Matériel
vaporisateur ou pinceau pour humidifier

3 p.98-99

400 g d'échine de porc, 400 g de poitrine de porc, 200 g de gras de bardière, 25 g d'un mélange d'épices : sel, poivre, paprika, ail et échalote en semoule, 25 cl d'un mélange eau et vinaigre de cidre (50/50), 2 carottes, 1 oignon, 2 gousses d'ail, 1 bouquet garni, ½ bouquet de persil

Préparer la poitrine et l'échine : retirer la peau de la poitrine. Retirer la membrane qui recouvre le dos des travers sur la poitrine. Réaliser le mélange eau/vinaigre et le mélange d'épices. Huiler légèrement tous les morceaux de porc et les enduire du mélange d'épices. Cuire 2 heures à 120 °C. Humidifier avec le mélange eau/vinaigre toutes les heures. Enrouler d'abord avec de l'aluminium puis du papier de boucher (ou papier cuisson). Cuire emballé pendant 3 heures. Laisser reposer la viande 1 heure. Effilocher toutes les viandes, réserver.
En parallèle, dans un faitout, préparer un jus d'aromates. Découper et préparer la garniture aromatique (carottes, oignon, ail, bouquet garni, persil). Y ajouter le gras de bardière, découpé en petits morceaux. Mouiller à hauteur et couvrir. Cuire pendant 3 heures minimum à feu doux. Filtrer le jus d'aromates et le mélanger avec la viande. Laisser refroidir au minimum 24 heures au frigo ou stériliser, conseils p.43.

terrine

pour 1 kg de terrine
Prép. : 30 min
Cuisson : 1 h
Repos : 48 h

4 p.98-99

800 g de chair à saucisse, 10 cl de crème entière liquide, 100 g de crépine de porc, 300 g de foie de porc, 1 gros oignon, 3 gousses d'ail, 3 œufs, persil plat, 4 g de poivre noir moulu, 4 g de poivre blanc moulu, 15 g de sel fin

Faire dégorger la crépine dans de l'eau froide. Émincer finement le foie de porc au couteau. Émincer l'oignon, l'ail et le persil. Mixer la crème liquide avec le persil, les œufs, l'oignon, l'ail, le sel et le poivre. Mélanger l'appareil liquide avec la chair à saucisse et le foie. Préchauffer le four à 160 °C. Essorer la crépine. Transférer la farce de viande dans une terrine et recouvrir avec la crépine. Cuire avec le couvercle pendant 30 minutes, puis sans couvercle pendant 30 minutes supplémentaires pour faire dorer la crépine. Réfrigérer au minimum 48 heures avant de servir.

foie gras

10 pers.
(buffet)
Prép. 20 min
Cuisson. 20 min
Repos : 5 jours
5 p.98-99

500 g de foie frais de canard (plus de caractère) ou d'oie (plus fin mais plus cher) déveiné, 6 g de sel, 1,5 g de poivre, 1,5 g de piment d'Espelette, 5 cl de pineau rouge des Charentes

Mélanger le sel, le poivre et le piment d'Espelette. Saupoudrer le foie de ce mélange. Glisser le foie gras assaisonné dans un sac congélation et verser le pineau. Bien répartir l'alcool sur la viande et réserver au frigo pendant 24 heures. Tourner le foie à mi-réservation pour bien faire circuler le pineau. Sortir le foie du frigo (compter 3 heures pour qu'il soit bien ramolli, comme un beurre pommade, il sera ainsi plus facile à travailler). Faire une ballottine hermétique à l'aide de film alimentaire. Bien sécuriser les extrémités. Cuire le foie gras 20 minutes à la vapeur (four vapeur, cuiseur vapeur...). Pendant que le foie cuit, préparer un grand saladier d'eau froide avec des glaçons pour stopper la cuisson et conserver la forme de la ballottine (si vous placez votre foie encore chaud sur une surface plane, il va s'aplanir en refroidissant). Sortir le foie du cuiseur vapeur et le placer dans le grand saladier d'eau glacée. Attendre que le foie soit bien refroidi et le réserver au frigo pour au moins 4 jours avant de le déguster.

pastrami

pour 2 kg de pastrami
Prép. : 30 min
Cuisson : 4 h
Repos : 5 jours
2 p.104-105

saumure : 2 kg d'aiguillettes baronnes, 150 g de sel, 11 g de sel nitrité, 200 g de sucre, 100 g de sucre brun, 85 g de miel, 1 cuil. à soupe de graines de coriandre, 1 cuil. à soupe de graines de moutarde, 4 gousses d'ail, 3 l d'eau, 3 l de glaçons

mélange d'épices : 10 g de graines de coriandre grossièrement concassées, 2 cuil. à soupe de poivre noir moulu, 2 cuil. à soupe d'ail en poudre, 6 cuil. à soupe de paprika

Remplir un grand récipient pouvant contenir la pièce de bœuf avec les 3 l d'eau, les sucres, le miel, l'ail émincé, les sels et les épices. Faire bouillir le mélange et remuer jusqu'à ce que les sels et les sucres soient dissous. Ajouter les 3 l de glaçons et remuer jusqu'à ce qu'ils aient fondu et que le mélange soit froid. Placer la pièce de bœuf dans la saumure puis la recouvrir avec une assiette ou quelque chose de lourd afin qu'elle soit complètement immergée. Filmer le récipient et placer le tout au frigo pendant au minimum 5 jours et jusqu'à 1 semaine, en retournant la pièce de bœuf une fois par jour.

Mélanger les épices pour le rub. Sécher la pièce de bœuf avec un torchon propre. Frotter le rub en appuyant bien sur toute la surface du bœuf. Préchauffer le four à 150 °C. Placer une grille surélevée dans un grand plat et verser 1 l d'eau dans le plat. Placer le bœuf sur la grille et couvrir le tout avec deux épaisseurs de papier aluminium. Cuire jusqu'à ce que le pastrami atteigne une température à cœur de 93 °C, environ 4 heures (2 heures par kilo). Laisser reposer au minimum 30 minutes avant de le découper en tranches les plus fines possible. Pour en faire des sandwichs, réfrigérer le pastrami une nuit entière.

le menu s'écrit tout seul : Idéal pour garnir des wraps, p.78.

LA VIANDE FROIDE

La viande cuite froide est pratique : elle peut se faire quelques jours à l'avance, elle supporte les transports et tout sera déjà prêt pour le coup de feu. Pour les ceviches, il vous faudra être doublement attentif à la chaîne du froid, mais c'est un succès assuré !

froid / pas ou peu de matériel / festif / chaîne du froid à respecter / pas si nombreux / rapide à servir / gourmand

carpaccio de bœuf

6 pers.
(en buffet)
Prép. : 10 min
Repos : 1 h
Matériel
rouleau à pâtisserie

3 p.104-105

600 g de filet de bœuf, 50 g de parmesan, 300 g de roquette, 6 cuil. à soupe d'huile d'olive, 2 citrons, 50 g de pignons de pin, sel, poivre du moulin

Mettre la viande dans un sachet « spécial congélation ». La placer au congélateur et la laisser 1 heure pour qu'elle soit ferme et facile à couper. Pendant ce temps, préparer la garniture : laver et essorer les feuilles de roquette et les mettre dans un saladier. Préparer la sauce dans un bol avec le jus de 1 citron, 4 cuillerées à soupe d'huile d'olive, 1 pincée de sel et du poivre. Émulsionner à la fourchette et réserver au frais. Couper le parmesan en copeaux. Retirer la viande rafraîchie du sachet et la couper en tranches aussi fines que possible à l'aide d'un long couteau à lame souple bien aiguisée. Poser une tranche de viande entre deux feuilles de film plastique et l'aplatir avec un rouleau à pâtisserie ou un marteau à viande, jusqu'à ce qu'elle devienne transparente. Répéter l'opération avec les autres tranches. Disposer au fur et à mesure ces fines tranches de bœuf sur des assiettes de service. Assaisonner la roquette, ajouter les pignons et mélanger. Répartir les copeaux de parmesan sur la viande et arroser de 2 cuillerées à soupe d'huile d'olive. Saler, poivrer et servir aussitôt avec le deuxième citron coupé en quartiers et la roquette.

carne salada

16 pers.
(en buffet)
Prép. : 10 min
Repos : 10 jours
Matériel
machine sous vide

1,5 kg de rond de gîte (extra frais), 14 g de poivre blanc, 5 citrons bio, 60 g de gros sel, 6 feuilles de laurier, 3 branches de thym frais, câpres, pignons de pin

Prélever le zeste des citrons, froisser les feuilles de laurier afin qu'elles dégagent le maximum d'arômes. Mélanger tous les aromates puis les étaler sur la viande. Mettre la viande recouverte des aromates sous vide. Laisser reposer 10 jours dans le frigo. Ouvrir et couper des fines tranches de viande. Proposer lors d'un buffet sur une assiette, avec des zestes de citron râpés minute, quelques câpres et les pignons de pin.

filet mignon
8 pers.
(en buffet)
Prép. : 20 min
Cuisson : 25 min
Marinade : 12 h

4 p.104-105

pour 1 filet mignon de 600 g : 1 cuil. à soupe de cacahuètes, ¼ de botte de coriandre, ½ cébette, huile d'olive
marinade : 10 cl de sauce soja, 5 cl de sauce soja sucrée, 5 cl de sauce teriyaki, 2 cuil. à café de miel, 1 cuil. à café de graines de coriandre, ½ piment oiseau, 1 cuil. à soupe de vinaigre de riz, 1 cuil. à soupe d'huile de sésame, 3-4 feuilles de menthe

Ouvrir le piment à l'aide de la pointe du couteau, froisser les feuilles de menthe, puis mélanger tous les ingrédients de la marinade. Disposer les filets mignons dans la marinade si possible sous vide et minimum 12 heures. Préchauffer le four à 180 °C. Sortir les filets de la marinade et les placer dans un plat allant au four. Les enduire d'huile d'olive. Disposer un fond de marinade dans le plat avec l'équivalent d'un verre d'eau. Cuire environ 25 minutes. Rallonger le temps de cuisson s'il y a beaucoup de filets mignons. Filtrer la marinade restante. Laisser refroidir les filets mignons. Quelques minutes avant le service, découper en tranches de 0,5 cm. Disposer les tranches sur un plat de présentation. Laquer avec la marinade au moment de servir, quelques cacahuètes broyées, des feuilles de coriandre et un peu de cébette ciselée.

porchetta froide
8 pers.
(en buffet)
Prép. : 20 min
Cuisson : 25 min
repos : 12 h

5 p.104-105

Suivre la recette de la porchetta chaude, p.150. Refroidir la porchetta et laisser 12 heures au frais. Trancher le plus fin possible, idéalement à la trancheuse. Servir avec un pesto ou des herbes hachées et des tomates confites.

rosbif
16 pers.
(en buffet)
Prép. : 10 min
Cuisson : 40 min

1,5 kg de rosbif, 2 gousses d'ail, 55 g de beurre fondu, sel, poivre du moulin

Peler les gousses d'ail et les couper en quartiers. Piquer le rôti et y glisser les quartiers d'ail. Badigeonner le rôti de beurre ramolli. Saisir le rôti au four très chaud pendant 7 à 8 minutes, puis ramener la température à 220 °C. Laisser cuire environ 30 minutes pour un rôti saignant. Saler et poivrer en fin de cuisson. Arrêter le four et laisser le rôti reposer 6 à 8 minutes en laissant la porte entrouverte. Sortir le rôti, laisser refroidir. Découper en fines tranches et servir. Servir avec la sauce de votre choix, p.190-191. Le rosbif s'adaptera à toutes les sauces : une moutarde arrangée ou une mayonnaise pour des saveurs traditionnelles ou une sauce teriyaki ou thaïe pour des saveurs plus exotiques et rafraîchissantes.

astuce viande froide
Pour les viandes cuites, il est possible de les cuire en avance, mais il est préférable de les découper le plus tard possible afin d'éviter de les assécher. Gardez les jus de cuisson pour conserver le moelleux ou complexifier vos sauces maison.

ÉDITION LIMITÉES
Comme pour la charcuterie, si les viandes froides sont victimes de leur succès, tirez les quantités en les disposant sur des toasts avec des pickles, une sauce, des aromates et même une mousse tartinée sur le pain.

1
2
5

3
4

LE POISSON FROID

P.83 le poisson se fait mousse, se mélange à d'autres ingrédients pour se tartiner, ici c'est dans sa version la plus brute et noble qu'il s'apprécie.
froid / pas si nombreux / festif / pas ou peu de matériel / trajet / profiter des invités / cocktail dînatoire

ceviche
leche de tigre
8 pers. (à table)
Prép. : 25 min
Cuisson : 30 min
1 p.108-109

300 g de filets de daurade (désarêtés) / **leche de tigre :** 10 cl de lait de coco, jus de 1 citron vert, 1 petit piment épépiné, **garniture / toppings :** graines de ¼ de grenade, ¼ d'oignon rouge, 1 cive, 50 g de coriandre
Couper de fines escalopes. Assembler le lait de coco, le jus de citron vert et le petit piment coupé en julienne. Égrener la grenade. Émincer finement l'oignon rouge, la cive et la coriandre. Disposer les escalopes de daurade, arroser du leche de tigre, laisser cuire dans cette marinade 30 minutes environ et disposer les garnitures pour le visuel souhaité.

gravlax
betterave
8 pers. (buffet)
Prép. : 15 minutes
Repos : 24 h
2 p.108-109

500 g de filet de truite en un seul filet désarêté, 1 betterave cuite, 1 botte d'aneth, 80 g de sel, 140 g de sucre, 3 cuil. à soupe de gin, zestes d'agrumes
Râper la betterave et les zestes d'agrumes, ajouter du sel et du sucre, puis le gin, moudre les épices et les ajouter au mélange, recouvrir le filet de poisson en conservant la peau, réserver au frigo au moins 24 heures. Rincer le mélange d'épices à l'eau claire, sécher délicatement le poisson et le découper en lamelles.

rillettes
8 pers. (à table)
Prép. : 20 min
3 p.108-109

Restes de poisson cuit, 1 oignon rouge, 1 cuil. à soupe de piment d'Espelette, 1 cuil. à soupe de câpres, 1 cuil. à soupe de cornichons, 4 cuil. à soupe d'huile d'olive, 1 cuil. à café de poivre, le jus de ½ citron, ½ botte de ciboulette
Récupérer les restes de poissons des recettes : saumon entier, p.140, ou ceviche, ci-dessus, ou même moules sur le gril, p.134. Garder les chairs. Émincer l'oignon, les cornichons, les câpres et la ciboulette. Mélanger tous les ingrédients à la fourchette en émiettant le poisson.

recommandation pour ceviche
Le ceviche cuit le poisson par l'acidité de l'agrume. Il est préférable de garder le poisson frais jusqu'aux dernières minutes avant de servir. On privilégie cette recette à domicile en évitant de casser la chaîne du froid dans les transports.

recommandation pour gravlax
Le gravlax cuit le poisson par le sel. Un gravlax s'anticipe. Sa cuisson au sel lui apporte une bonne stabilité qui peut supporter les trajets et les chaleurs, en étant moins fragile qu'un poisson frais, même s'il faut respecter la chaîne du froid.

harengs pomme de terre à l'huile

8 pers. (buffet)
Prép. : 15 min
Cuisson : 15 min
Matériel
mandoline

1,5 kg de pommes de terre, 6 filets de hareng, 2 oignons rouges, pickles (p.75), ¼ de bouquet de persil, 1 botte de carottes de couleur (facultatif), huile d'olive, gros sel

Éplucher les pommes de terre et les mandoliner, puis bien les rincer. Les disposer dans une casserole, couvrir d'eau froide, ajouter le gros sel. Vous pouvez faire de même avec les carottes pour plus de croquant et de couleurs (attention, les carottes violettes sont à cuire séparément). Cuire une dizaine de minutes. Laisser tiédir. Peler les oignons et les émincer finement. Déposer les morceaux de pommes de terre sur un plat de service plat, ajouter les morceaux de carottes, l'oignon et le hareng et les pickles. Ciseler le persil dessus, ajouter un filet d'huile d'olive et saupoudrer de gros sel.

anchois poivrons

8 pers. (buffet)
Prép. : 15 min

3 poivrons de différentes couleurs, 1 boîte de filets d'anchois fumés confits à l'huile d'olive, 2 gousses d'ail, câpres, huile d'olive, piment, herbes au choix (romarin, laurier, origan)

Au four, au chalumeau ou sur le feu du gaz, brûler la peau des poivrons puis les refroidir dans un récipient hermétique, les épiner et retirer leur peau (facultatif si on est pressé, ou à réaliser en avance). Les couper en fines lanières dans le sens de la longueur. Les déposer dans un long plat, les recouvrir d'huile d'olive, presser les gousses d'ail et ajouter les herbes. Couvrir et garder au frais. Pour le service, les disposer sur un plat ou une assiette plate, parsemer de filets d'anchois, de câpres et de morceaux de piments. À manger à la fourchette ou sur des croûtons.

maquereaux tartare

10 pers. (buffet)
Prép. : 10 min

400 g de maquereaux fumés, pickles (p.75), sauce tartare ou aïoli

Émietter à la fourchette les maquereaux et les mélanger avec une sauce tartare ou aïoli. Parsemer de pickles. Présenter tel quel avec des pickles pour déguster sur du pain, ou avec une salade de pommes de terre, ou un chou rouge détaillé finement.

crevettes marinées

8 pers. (buffet)
Prép. : 15 minutes
Repos : 2 h

marinade : 300 g de crevettes cuites, 10 cl de sauce soja salée, 3 cl de vinaigre de riz, 1 cuil. à soupe de miel, 1 cuil. à café de gingembre râpé
topping : cacahuètes et sésame, coriandre, 1 bâton de citronnelle, citron vert

Mélanger tous les ingrédients de la marinade et verser dans un récipient plat, immerger les crevettes et laisser reposer 2 heures. Hacher les cacahuètes, ciseler les herbes et mélanger avec le sésame. Retirer les crevettes de la marinade, les disposer sur un plat de service. Arroser d'un filet de marinade, puis saupoudrer chaque crevette d'une poignée du topping avec un trait de jus de citron vert. Proposer à déguster avec des piques à brochettes ou sur des tartines de guacamole, p.81, ou encore en salade de pousses de soja, avocat et pamplemousse.

3
1
2

LE CHAUD : PLATS ET ACCOMPAGNEMENTS

LES QUICHES

La quiche lorraine est tout autant appréciée froide que tiède. Elle nous permet de faire la transition vers les recettes chaudes, en commençant par les inconditionnels des buffets que sont les quiches, les tartes, les cakes et les crumbles salés. Des préparations qui peuvent se faire en avance et qui ont juste besoin d'être réchauffées.

froid et ou chaud / buffet ou assis / rapide à manger / *finger food* / convivial / rapide à servir / se prépare à l'avance

8 pers. (à table)
Prép. : 50 min
Cuisson : 1 h
Repos : 1 h 15

Matériel
moule à manqué minimum 10 cm de haut, à charnière

Ingrédients
1 pâte feuilletée
8 œufs
33 cl de crème fraîche liquide de 35 % de MG
150 g d'emmental râpé
200 g de lardons fumés
noix de muscade
sel, poivre

quiche lorraine façon boulangère

Disposer la pâte feuilletée sur son papier sulfurisé dans le moule en pressant sur le bord du moule. Déposer le fromage sur la pâte puis les lardons. Réserver 30 minutes au réfrigérateur. Préchauffer le four à 180 °C. Battre les œufs, ajouter la crème liquide, saler, poivrer et râper la muscade. Ajouter l'appareil au fond de tarte et enfourner le tout dans le four à température. Laisser cuire 1 heure. Éteindre le four et laisser le plat dedans porte ouverte pendant 45 minutes. Déguster tiède ou froid.

le petit + : Dans un moule haut et rond pour manger à table, dans un moule rectangulaire moins profond pour faciliter la découpe de petites parts en libre-service sur un buffet.
le menu s'écrit tout seul : Les choix sont nombreux, entre les œufs en buffet, p.75 et la poitrine de porc en rillettes, p.100, ou le pulled pork, p.148.
variante saumon épinards : Remplacer l'emmental par 250 g de pousses d'épinard : les laver, les sécher et les tomber à la sauteuse. Remplacer les lardons par 350 g de saumon. Ne pas mettre de noix de muscade.
le menu s'écrit tout seul : Une recette qui mutualise les ingrédients du saumon entier, p.140 et ceux de la salade épinards figues, p.93. Saumon et truite peuvent se remplacer mutuellement, permettant ainsi de partager les ingrédients avec le gravlax, p.106.

QUICHE LORRAINE →

principe de quiche boulangère
8 pers. (à table)
Prép. : 50 min
Cuisson : 1 h
Repos : 1 h 15
Matériel
1 moule à manqué minimum 10 cm de haut, à charnière

1 pâte feuilletée / **appareil de base :** 8 œufs, 33 cl de crème fraîche liquide à 35 % de MG, sel, poivre du moulin / **fouzitou :** 400 g d'ingrédients de votre choix / **en option :** 150 g de fromage
Déposer la pâte feuilletée sur son papier sulfurisé dans le moule en pressant la pâte sur le bord du moule. Si option fromage : déposer le fromage sur la pâte. Réserver 30 minutes au réfrigérateur. Préchauffer le four à 180 °C. Battre les œufs, ajouter la crème liquide, saler et poivrer. Mélanger votre fouzitou à l'appareil, verser dans le fond de tarte et enfourner le tout dans le four à température. Laisser cuire 1 heure. Éteindre le four, laisser le plat dedans porte ouverte pendant 45 minutes. Déguster tiède ou froid.

variante courgette feta : 400 g de courgettes poêlées et 150 g de feta
variante brocolis chèvre : 400 g de brocolis à la vapeur et 150 g de chèvre
variante butternut : 400 g de purée de butternut et gingembre râpé
variante carottes : 400 g de purée de carottes et 150 g de comté en cubes

principe de cake
16 pers. (buffet)
Prép. : 10 min
Cuisson : 20 min
Repos : 1 h

appareil de base : 500 g de farine, 44 g de levure chimique, 12 cl d'huile d'olive, 400 g de lait, 7 œufs, sel, poivre du moulin / **fouzitou :** ingrédients au choix
Faire la pesée des liquides (œufs, lait, huile d'olive) dans un cul-de-poule. *Idem* pour la farine et la levure. Ajouter progressivement le liquide sur le mélange farine-levure. Ajouter les ingrédients au choix et assaisonner. Remplir des moules à cake rectangulaires, préalablement beurrés et farinés. Préchauffer le four à 180 °C. Enfourner pendant 15-20 minutes. Laisser reposer 1 heure avant de démouler et de découper.

variante comté jambon : 200 g de dés de jambon et 200 g de comté
variante olives feta : 200 g d'olives noires dénoyautées et 200 g de feta
variante thon tomates confites : 200 g de thon et 200 de tomates confites
variante chorizo brebis : 200 g de chorizo et 200 g de manchego

principe de tarte fine
8 pers. (à table)
Prép. : 10 min
Cuisson : 20 min
Repos : 1 h

1 pâte feuilletée, 1 élément à tartiner, 1 légume à garnir, 1 topping
Préchauffer le four à 180 °C. Tartiner la pâte feuilletée de l'ingrédient au choix. Piquer la tarte, la placer dans un moule et la cuire à cru 20 minutes. Découper le légume de la garniture et, en fonction du choix, le cuire à la poêle ou le laisser cru. Répartir le légume sur la tarte. Déposer le topping, servir froid.

variante oignon feta : élément à tartiner : moutarde, légume à garnir : rondelles d'oignons poêlées au paprika, topping : émietté de feta et filet de balsamique
variante tagliatelles de courgette : élément à tartiner : fromage frais (mettre après cuisson de la pâte), légume à garnir : tagliatelles de courgettes crues mandolinées, topping : filet d'huile d'olive, pignons de pin, feuilles de basilic
variante aubergine parmesan : élément à tartiner : sauce tomate p.190 (ou en boîte), légume à garnir : fines rondelles d'aubergines mandolinées revenues à la poêle, topping : filet d'huile d'olive, pincée de piment d'Espelette, copeaux de parmesan

principe de tarte fruits & fromage

8 pers. (à table)
Prép. : 10 min
Cuisson : 20 min environ
Repos : 20 min

1 pâte feuilletée ou brisée, 1 fromage, 1 fruit, 1 herbe ou topping, poivre

Préchauffer le four à 180 °C. Déposer la pâte feuilletée sur son papier sulfurisé dans le moule. Piquer la tarte. Couper le fromage en tranches de 5 mm d'épaisseur et le répartir uniformément sur le fond de tarte, le poivrer généreusement. Couper le fruit en fine épaisseur et le répartir uniformément sur la couche de fromage, le beurrer si peu de jus. Disposer l'aromate et/ou topping avant ou après et enfourner en fonction de l'ingrédient choisi. Laisser reposer 20 minutes.

variante brie & poire : 300 g de brie+ filet de miel et 2-3 poires + romarin haché finement avant cuisson

variante mozzarella & pêche : 300 g de mozzarella + filet d'huile d'olive et 3-4 pêches + feuilles de basilic après cuisson

variante chèvre & figues : 300 g de bûche de chèvre découpée en rondelles + 1 filet de miel et 1 pincée de piment d'Espelette, 4-5 figues fraîches + romarin haché finement avant cuisson, 1 pincée de graines de lin ou de pignons après cuisson (facultatif)

principe de crumble salé

8 pers. (à table)
Prép. : 10 min
Cuisson : 20 min
Repos : 20 min

crumble noisette : 150 g de beurre, 150 g de noisettes concassées, 150 g de chapelure, sel

crumble parmesan : 100 g de beurre, 120 g de farine, 120 g de parmesan râpé

Précuire la garniture de son choix et l'assaisonner. La répartir soit dans un grand plat à gratin, soit dans des portions individuelles allant au four. Mélanger les ingrédients de la recette de crumble de son choix du bout des doigts. Préchauffer le four à 180 °C. Émietter le crumble sur la garniture et enfourner 20 minutes à 180 °C. Faire gratiner en fin de cuisson 5 minutes. Laisser reposer 20 minutes.

variante tomates cerise : À la poêle, faire revenir dans l'huile d'olive : 1 kg de tomates cerises coupées en deux avec 1 oignon rouge émincé et 1 cuil. à soupe de cassonade. Réaliser le crumble parmesan. Avant de servir, décorer avec des feuilles de basilic.

variante aubergine : À la poêle, faire revenir dans l'huile d'olive : 700 g d'aubergines coupées en dés avec 3 oignons rouges émincés et 4 gousses d'ail pressées. Réaliser le crumble parmesan. Avant de servir, décorer avec des feuilles de basilic.

variante poireaux : À la poêle, faire revenir dans 1 noix de beurre : 1 kg de poireaux, déglacer au vinaigre de cidre, émietter 2 picodons. Réaliser le crumble noisette. Avant de servir, saupoudrer d'herbes de Provence.

LES LÉGUMES AU FOUR

Hier souvent anecdotiques, les légumes ont aujourd'hui la première place sur une table ! Fini l'accompagnement, ils tiennent ici le premier rôle ! Certains en solo et d'autres se voient secondés par leurs anciens patrons que sont la viande, le fromage et le poisson. Bravo les légumes !

froid / végétarien / chaud / économique / original / recette au four / économique

potatoes
pour 8 pers.
(à table)
Prép. : 10 min
Cuisson : 40 min
1 p.116-117

1 kg de pommes de terre à chair ferme, 4 cuil. à soupe d'herbes de Provence, 1 cuil. à café de piment au choix (ou pas), 5 cuil. à soupe d'huile d'olive, sel, poivre du moulin

Préchauffer le four à 180 °C en chaleur tournante. Rincer les pommes de terre et les couper en quartiers sans les éplucher. Dans un saladier, mélanger l'huile d'olive, les herbes de Provence, le piment, du sel et du poivre. Ajouter les quartiers de pomme de terre et bien mélanger. Les déposer dans un plat allant au four ou sur une plaque recouverte de papier cuisson. Enfourner 40 minutes en remuant à mi-cuisson. Une fois les potatoes bien dorées, servir aussitôt.

tips : L'important est de bien enduire les pommes de terre d'huile avant de les mettre au four, les épices ne doivent pas rester sèches.
variante orientale : remplacer les épices par du paprika fumé, du zaatar et du mélange quatre-épices.
variante méditerranéenne : remplacer les épices par du thym et de l'origan.

principe des légumes rôtis
pour 8 pers.
(à table)
Prép. : 10 min
Cuisson : 35 min
2 p.116-117

Légumes : 2 lèchefrites de légumes découpés à la même épaisseur
mélange d'épices : 100 g du mélange d'épices de votre choix

Préchauffer le four à 200 °C. Éplucher les légumes, les couper en morceaux d'environ 4 cm de large. Dans un grand cul-de-poule, mélanger les épices avec tous les légumes, arroser généreusement d'huile d'olive, remuer à la main. Disposer des feuilles de papier cuisson dans les lèchefrites. Verser les légumes sur les plaques de cuisson et cuire environ 35 minutes jusqu'à ce que les légumes soient bien dorés. Remuer à mi-cuisson.

variante tout carotte : carottes orange, jaunes et violettes. Mélange d'épices : graines de coriandre, zaatar et sumac. Servir avec du pesto de fanes, p.82.
variante automne : butternut, panais, patate douce, pomme. Mélange d'épices : gingembre, ail en semoule, paprika fumé. Servir avec une sauce yaourt moutarde et de la coriandre ciselée.
variante été : aubergines, courgettes, citron, oignons rouges ciselés, tomates. Mélange d'épices : herbes de Provence, ail en poudre, origan. Servir avec une sauce tomate, p.190.

principe des légumes farcis

10 pers. (à table)
Prép. : 10 min
Cuisson : 40 min
Repos : 5 min

3 p.116-117

farce à la viande : 250 g de porc haché, 250 g de veau ou de bœuf haché, 3 échalotes, 2 gousses d'ail, ½ botte de persil, sel, poivre du moulin, 5 cl de cognac
farce végétarienne : 500 g de pousses d'épinard ou de poireaux préalablement sautés à la poêle, 6 échalotes, 4 gousses d'ail, ½ botte de persil, 1 pot de ricotta, 1 citron jaune, sel, poivre du moulin, 1 verre de vin blanc, 2 tranches de pain de mie
farce fromage : 500 g de brie, 15 cl de vin blanc, 3 échalotes, 2 gousses d'ail, persil
Légumes à farcir : tomates creusées, poivrons, courge, courge spaghetti, butternut, potimarron, aubergine ou courgette évidés

Préchauffer le four à 180 °C. Éplucher échalotes, ail et autres oignons qui peuvent composer la farce. Les hacher avec tous les autres éléments qui composent la farce et mélanger. Laver les légumes à farcir, couper un chapeau dans les légumes ronds et couper les légumes allongés dans la longueur. Évider les légumes pleins, comme les tomates, aubergines et autres courgettes. Mélanger ces chairs à la farce. Pour les légumes creux, retirer les pépins. Remplir les légumes de la farce. Remettre la partie supérieure. Déposer une feuille cuisson sur la lèchefrite, déposer les légumes farcis dessus et enfourner. Surveiller la cuisson, et arrêter quand la pointe du couteau s'enfonce dans le légume sans résistance (en moyenne 40 minutes). Laisser reposer et déguster.

variante été : tomate Cœur-de-bœuf et farce viande
variante automne : farce végétarienne, courge spaghetti et parmesan
variante hiver : citrouille et farce fromage

principe des samoussas de légumes

8 pers. (buffet)
Prép. : 10 min
Cuisson : 15 min
Repos : 5 min

par personne : 1 feuille de brick et 100 g de farce
farce de légumes : farce issue des légumes rôtis, p.114, écrasé à la fourchette, ou purée au choix, p.124-125, légumes à la plancha, p.136
mélange d'épices : 5 g de cumin, 5 g de menthe séchée, 5 graines de coriandre, 5 g de curcuma, 5 g de curry, 1 g de piment de Cayenne, 2 g de poivre

Réaliser la farce de son choix, réaliser le mélange d'épices. Mélanger la farce au mélange d'épices. Remplir les samoussas selon la technique de pliage, p.192. Vous pouvez les cuire à la poêle dans de l'huile, ou à la friteuse, mais aussi au four à 220 °C pendant 15 minutes après les avoir laqués au pinceau d'huile de cuisson.

tian

8 pers. (à table)
Prép. : 10 min
Cuisson : 1 h
Repos : 5 min

4 courgettes vertes, 4 courgettes jaunes, 4 aubergines, 2 oignons rouges, 8 tomates, 1 poivron rouge, 1 feuille de laurier, herbes de Provence, 4 gousses d'ail, 10 cl d'huile d'olive, sel, poivre du moulin

Frotter le plat à gratin avec une gousse d'ail. Éplucher les oignons, couper tous les légumes en rondelles, puis les aubergines en demi-cercles, ne pas couper le poivron. Réunir les légumes découpés dans un saladier, les arroser d'huile d'olive, de tous les aromates et des gousses d'ail pressées. Saler, mélanger, puis les disposer dans un grand plat à gratin sur la tranche en alternant les différents légumes. Couper le poivron en dés et le déposer sur les légumes. Enfourner pour 1 heure environ.

1
3

2

LES GRATINS

Les gratins sont des plats idéaux à préparer en avance, il suffit de les réchauffer au four. Supportant les transports, c'est le plat parfait à préparer pour une arrivée de vacances sans prise de tête. Certaines recettes comme le mac & cheese peuvent même se dispenser du four. Roboratifs, ils sont les chouchous des sportifs et des alliés pour combattre le froid.

roboratif / réchauffe les corps / au four / se mange à table / plat unique / peu de vaisselle / toutes saisons / facilité de service

8 pers. (à table)
Prép. : 25 min
Cuisson : 30 min

Ingrédients
600 g de macaronis
60 cl de lait concentré non sucré
600 g de cheddar
sel
Gratiné
200 g de cheddar (optionnel)

mac & cheese

Mettre les macaronis dans une casserole et couvrir d'eau à hauteur (que l'eau recouvre à peine les pâtes). Ajouter 1 pincée de sel et cuire à feu vif en remuant régulièrement, jusqu'à ce que l'eau soit quasiment complètement absorbée, environ 6 minutes.
Ajouter immédiatement le lait concentré et le fromage. Baisser le feu à son minimum, remuer constamment jusqu'à l'obtention d'une sauce crémeuse et servir immédiatement.

option : Verser les pâtes dans un plat, recouvrir du cheddar restant et faire gratiner au four à 220 °C jusqu'à ce que le dessus soit bien doré.
astuce : Réchauffer vos gratins au four à 180 °C minimum 30 minutes, avec du papier aluminium sur le dessus pour éviter qu'ils sèchent ou brûlent.

8 pers. (à table)
Prép. : 20 min
Cuisson : 1 h 10

Ingrédients
1,5 kg de pommes de terre à chair ferme
100 g de beurre doux
30 cl de crème liquide
1 l de lait demi-écrémé
2 gousses d'ail
muscade moulue
1 feuille de laurier
sel, poivre du moulin
Matériel
mandoline (facultatif)

dauphinois

Préchauffer le four à 180 °C en chaleur tournante. Éplucher puis laver les pommes de terre. Au robot ou à la mandoline, les couper en fines rondelles. Dans une casserole, faire bouillir le lait avec l'ail émincé, le sel, le laurier froissé, le poivre et la muscade. Verser les pommes de terre émincées dans ce lait assaisonné et les laisser 10 minutes à petit frémissement. Remuer régulièrement. Au bout de 10 minutes, égoutter (réserver le lait pour une autre recette). Mettre les pommes de terre dans un plat à gratin beurré, verser la crème dessus, disposer le beurre en petits morceaux et enfourner 1 heure minimum. Le gratin doit être doré et fondant à cœur.

info : La recette originale ne comporte pas de crème, celle-ci est donc optionnelle.
le menu s'écrit tout seul : Récupérer le lait infusé à l'ail pour réaliser la béchamel des croque-monsieur, p.154, mais encore des lasagnes, p.120.

principe des lasagnes

pour 8 pers.
(à table)
Prép. : 10 min
Cuisson : 1 h 20

1 paquet de lasagnes, 150 g de parmesan
béchamel : 60 g de beurre, 60 g de farine, 80 cl de lait, noix de muscade, sel
sauce tomate : 250 g de tomates pelées et concassées en boîte, 2 cuil. à café de double concentré de tomates en tube, 2 feuilles de laurier, 2 branches de thym frais, 1 cuil. à café d'origan, huile d'olive, 1 oignon, 2 gousses d'ail, 2 cuil. à soupe de cassonade, sel, poivre du moulin
farce bœuf : 600 g de bœuf haché, 1 carotte, 1 branche de céleri
farce tofu : 400 g de tofu fumé coupé en cubes, 200 g de pousses d'épinard, 1 carotte, 1 branche de céleri
farce lentilles : 600 g de lentilles cuites, 1 carotte, 1 branche de céleri

Réaliser la sauce tomate en faisant revenir l'oignon à la poêle puis en ajoutant tous les autres ingrédients. Cuire à feu doux pendant 30 minutes minimum. Mélanger tous les ingrédients de la farce choisie, puis les incorporer à la sauce tomate. Laisser cuire 20 minutes supplémentaires.
Réaliser la béchamel faire fondre le beurre dans une casserole puis ajouter la farine, mélanger, ajouter le lait en remuant jusqu'à épaississement et assaisonner.
Dans un plat à gratin, alterner : une couche de sauce tomate à la farce, une couche de béchamel et une couche de lasagnes. Finir par une couche de béchamel, saupoudrer de parmesan et enfourner 30 minutes.

conseil : Toujours avoir un plat de lasagnes dans son congélateur et ne jamais être pris au dépourvu !
le menu s'écrit tout seul : Mutualiser la béchamel avec celles des croque-monsieur, p.154.

principe des hachis

pour 8 pers.
(à table)
Prép. : 10 min
Cuisson : 1 h 10

200 g de fromage râpé, 600 g de bœuf haché ou autre viande / poisson / option végétarienne au choix
purée : 600 g de purée au choix, p.124-125.
sauce tomate : 250 g de tomates pelées en boîte, 2 cuil. à café de double concentré de tomates en tube, 2 feuilles de laurier, 2 branches de thym frais, huile d'olive, 1 oignon, 2 gousses d'ail, 10 g d'origan, 2 cuil. à soupe de cassonade, sel, poivre du moulin, noix de muscade

Réaliser la sauce tomate en faisant revenir l'oignon à la poêle puis en ajoutant tous les autres ingrédients. Cuire à feu doux pendant 30 minutes minimum. Ajouter la viande de son choix à la sauce tomate. Laisser cuire 20 minutes supplémentaires pour une viande crue, 10 min pour des restes déjà cuits. Préchauffer le four à 200 °C. Dans un plat à gratin, déposer le mélange à base de sauce tomate, puis répartir la couche de purée dessus. À l'aide du dos de la fourchette, réaliser des stries sur la purée. Saupoudrer de fromage, enfourner pendant 15 minutes environ.

le menu s'écrit tout seul : Cette recette partage la base de sauce tomate avec les lasagnes ci-dessus et les pizzas, p.160. Réaliser une grande quantité de cette sauce, la stocker en bocaux stérilisés ou la congeler. Utiliser les restes de viande, de poisson ou même des légumes comme des courgettes sautées au wok ou des lentilles cuites pour mettre dans la sauce.

GRATIN DAUPHINOIS →

FRITEUSE

Autant vous prévenir tout de suite ! Frire, pour beaucoup, n'est pas l'option la plus simple. Les équipements domestiques ne seront pas suffisamment rapides et adaptés aux quantités. À partir d'une vingtaine de convives, une location de machine appropriée est recommandée. Il faudra être vigilant avec la sécurité et manipuler gaz et huile bouillante avec attention. Mais une bonne frite n'a pas de prix !

location de matériel / dangereux / régressif / convivial / rapide à servir / très nombreux / *finger food*

frites
pour 8 pers. (buffet)
Prép. : 10 min
Cuisson : 10 min
Matériel
friteuse et coupe-frites

2 kg de pommes de terre de type Bintje, sel

Préchauffer la friteuse à 150 °C. Laver, peler puis couper les pommes de terre au couteau. Pour les grandes quantités, louer un coupe-frites avec la friteuse. Remplir le fond du panier et cuire pendant 8 minutes, réserver. Au moment du service, cuire dans un second bain à 190 °C pendant 2-3 minutes. Saupoudrer de sel fin.

tips : 24 heures peuvent séparer les deux bains de cuisson, attention que les pommes de terre n'accrochent pas entre elles en séchant et stockez-les au frais avec un couvercle et à l'abri de la lumière.
Certaines pommes de terre peuvent être frites avec leur peau, renseignez-vous auprès de votre maraîcher pour gagner du temps.

pommes de terre hasselback
pour 8 pers. (buffet)
Prép. : 10 min
Cuisson : 10 min
Matériel
friteuse ou four

8 pommes de terre amandines, sel fin
mélange d'épices : 5 g de paprika, 5 g d'herbes de Provence, 5 g d'ail en semoule, 2 g de poivre

Préchauffer la friteuse à 150 °C. Laver, puis entailler les pommes de terre dans le sens de la largeur à intervalles réguliers en veillant à conserver chaque pomme de terre entière (vous pouvez vous aider de deux baguettes chinoises placées de chaque côté de la pomme de terre afin d'arrêter la lame de votre couteau). Déposer les pommes de terre dans le panier de la friteuse et les immerger environ 8 minutes. Les réserver. Au moment du service, cuire dans un second bain à 190 °C pendant 2-3 minutes. Saupoudrer de sel fin et du mélange d'épices.

tips : 24 heures peuvent séparer les deux bains de cuisson, attention que les pommes de terre n'accrochent pas entre elles en séchant. Stockez-les au frais avec un couvercle et à l'abri de la lumière.
variante au four : mélanger les épices à un filet d'huile d'olive et en enduire les pommes de terre à l'aide d'un pinceau pour infiltrer chaque tranche. Enfourner sur un papier sulfurisé dans la lèchefrite à 180 °C pendant 45 minutes. Saupoudrer de sel fin avant de servir.

principe de la tempura

pour 8 pers. (buffet)
Prép. : 10 min
Cuisson : 3-4 min par tournée
Repos : 1 h
Matériel
friteuse

2 cuil. à soupe d'huile, 2 pincées de sel, 100 g de farine, 50 g de fécule de maïs, 1 cuil. à café de levure chimique, 1 jaune d'œuf, 15 cl d'eau froide

Mélanger tous les ingrédients. Remuer jusqu'à obtenir une pâte lisse et homogène. Mettre cette préparation 1 heure au frais. Enduire l'ingrédient souhaité dans la préparation et frire à 180 °C jusqu'à l'obtention d'une belle coloration, environ 3-4 minutes. Éponger l'excédent d'huile sur un papier absorbant. Servir chaud.

tips : Vous pouvez remplacer l'eau froide par de l'eau pétillante et de la bière, dans ce cas, pas besoin de levure chimique. Il est impératif que le mélange soit très froid, c'est le choc thermique provoqué avec l'huile chaude qui assure le résultat. Pour des longues fritures, conservez votre préparation sur un lit de glaçons.
variante crevette : crevettes crues marinées dans l'huile d'olive, jus de citron, ail en semoule, paprika
variante calamar : anneaux de calamar marinés dans du jus de citron, persil haché et saupoudrage de paprika
variante fish & chips : 150 g de cabillaud
variante légumes : rondelles de courgettes et aubergines sautées au wok et assaisonnées de piment, d'herbes de Provence et d'ail en semoule
variante oignons frits : avec de l'oignon taillé en lamelles de 3 cm d'épaisseur

principe de la panure

pour 8 pers. (buffet)
Prép. : 10 min
Cuisson : 10 min
Matériel
friteuse ou poêle

100 g de farine de blé, 100 g de fécule de maïs, 2 œufs, ½ cuil. à café de sel, épices et aromates selon vos goûts

Mélanger la farine de blé, la fécule de maïs, le sel et les épices. Répartir ce mélange dans deux récipients plats. Dans un troisième récipient, verser les œufs battus bien mousseux. Passer le morceau à paner dans la farine, tapoter l'excédent, passer dans l'œuf, égoutter légèrement, repasser dans la farine (ensevelir et presser pour bien faire adhérer la farine).

tips : Réserver une main pour le sec et une pour l'humide, ça évite de se paner les doigts. Les panures peuvent se faire également à la poêle, cela permet de mieux contrôler la cuisson.
variante chicken wings : ailes de poulet coupées en trois, servies avec de la sauce BBQ, p.190
variante fish & chips : 150 g de cabillaud
variante panure à l'anglaise : remplacer la farine et la fécule de maïs de la dernière étape par une chapelure, donnant une texture un peu plus irrégulière
variante milanaise : remplacer la farine et la fécule de maïs de la dernière étape par un mélange chapelure-parmesan, parfait pour des escalopes de veau à la milanaise
variante panko : remplacer la farine et la fécule de maïs de la dernière étape par une chapelure panko, idéale pour vos recettes asiatiques

LES LÉGUMES EN PURÉE

Réaliser une purée pour une grande tablée est aussi simplissime qu'éprouvant. Le problème ? Nous avons de très hautes attentes en la matière. Par exemple il est difficile de gagner du temps en mixant au robot car la texture d'un presse-purée reste inégalable. Notre solution : partez sur des purées originales qui ne souffriront pas de comparaisons.

régressif / chaud / pas si nombreux / convivial / automne-hiver / rapide à servir / accompagnement

la purée au beurre

10 pers. (à table)
Prép. : 15 min
Cuisson : 25 min
Matériel
presse-purée

1 p.126-127

3 kg de pommes de terre à chair farineuse, 500 g de beurre doux, 50 cl de lait entier, 20 g de gros sel

Laver les pommes de terre, les mettre dans une casserole. Les recouvrir d'eau froide. Saler au gros sel et faire cuire à découvert pendant 20 à 25 minutes jusqu'à ce que la lame d'un couteau les transperce facilement. Les égoutter et les peler encore tièdes, puis les passer au presse-purée. Remettre la purée obtenue dans la casserole sur feu doux en remuant pour la dessécher un peu. Dans une autre casserole, faire bouillir le lait. Ajouter à la purée le beurre bien froid coupé en morceaux en mélangeant vivement avec une spatule en bois, puis verser le lait chaud toujours en mélangeant. Rectifier l'assaisonnement et servir aussitôt.

tips : Utiliser des pommes de terre à chair farineuse : Agata, Bintje, Caesar, Marabel, Mona Lisa, Melody ou encore Victoria. Toujours effectuer une cuisson à l'anglaise : départ à l'eau froide. Cuire les pommes de terre avec la peau offrira une meilleure texture. Il sera également plus rapide d'extraire la chair après cuisson (économe ou à la cuillère). Égoutter les pommes de terre avant de les réduire en purée. Bien faire chauffer le lait avant de l'incorporer.

la purée vitelotte

6 pers. (à table)
Prép. : 10 min
Cuisson : 20 min

2 p.126-127

1,5 kg de pommes de terre vitelottes, 50 cl de crème à 35 %de MG, 400 g de beurre, noix de muscade, sel, poivre du moulin

Rincer soigneusement les pommes de terre. Les mettre dans une casserole et les recouvrir d'eau froide à hauteur. Faire cuire 15 minutes ou jusqu'à ce qu'elles deviennent tendres. Les égoutter et les éplucher. Écraser les pommes de terre au presse-purée et les remettre dans la casserole. Ajouter le lait, du sel et du poivre. Laisser mijoter à feu doux pendant 5 minutes et ajouter le beurre petit à petit. Râper de la noix de muscade.

la purée de patates douces
8 pers. (à table)
Prép. : 15 min
Cuisson : 15 min
3 p.126-127

2 kg de patates douces, 2 l d'eau, 2 l de lait, 30 cl de crème de coco, zestes d'agrumes, piment de Cayenne, sel, huile d'olive, 1 poignée de cacahuètes

Laver les patates douces sans les éplucher. Les mettre dans une casserole, verser le mélange eau + lait et démarrer la cuisson à froid. À ébullition, compter 10 minutes de cuisson. Éplucher les patates douces tièdes. Les passer au mixeur avec la crème et de l'huile d'olive à volonté. Remettre sur le feu jusqu'à l'obtention de la texture souhaitée. Assaisonner. Parfumer de zestes d'agrumes à volonté et de cacahuètes.

la purée de panais et de carottes
8 pers. (à table)
Prép. : 15 minutes
Cuisson : 10 min
Matériel
cocotte-minute
presse-purée
4 p.126-127

1 kg de pommes de terre, 1 kg de panais, 1 kg de carottes, 100 g de beurre, 1 tête d'ail, 30 cl de crème, zestes d'agrumes, sel, poivre du moulin

Éplucher l'ail, mettre les gousses dans une casserole d'eau, baisser le feu, vider l'eau à la reprise de l'ébullition et répéter l'opération 3 fois. À la dernière laisser 5 minutes à ébullition. Vider l'eau. Remplir la casserole de crème et, à ébullition, mixer avec la crème, réserver. Éplucher les carottes, les panais et les pommes de terre, les rincer. Découper en quartiers de taille moyenne. Faire cuire les légumes à l'autocuiseur, dans le panier « vapeur », pendant 10 minutes (à partir du sifflement de l'autocuiseur). Ôter les légumes de l'autocuiseur et vider l'eau de cuisson. Remettre les légumes dans l'autocuiseur et les écraser avec un presse-purée. Sur feu doux, ajouter le beurre et la crème d'ail aux légumes. Assaisonner avec du sel et du poivre. Bien mélanger la purée. Décorer avec des gousses d'ail en chemise et des zestes d'agrumes au moment de servir.

la purée de brocoli
8 pers. (à table)
Prép. : 15 min
Cuisson : 8 min
Matériel
presse-purée
ou mixeur

1 kg de brocoli, 2 pommes de terre, 50 cl de crème fraîche, 2 cubes de bouillon de volaille, sel, poivre du moulin

Laver le brocoli et les pommes de terre. Couper les fleurettes du brocoli et détailler son pied en cubes. Plonger les morceaux de brocoli et les pommes de terre dans une grande casserole d'eau avec le bouillon de volaille et les faire cuire pendant 8 minutes après ébullition. Égoutter, peler les pommes de terre tièdes. Au mixeur ou au presse-purée, écraser les morceaux de brocoli et les pommes de terre jusqu'à obtenir une purée bien lisse. Saler et poivrer au goût. Incorporer la crème fraîche et bien mélanger. Servir la purée de brocoli bien chaude. Si nécessaire,la réchauffer à la casserole pendant 3 minutes.

astuces pour les purées

APPELATION « ÉCRASÉ »
Si on attend d'une purée qu'elle soit lisse et onctueuse, les moyens qu'il faut mettre en place pour y arriver sont chronophages et inadaptés pour les grands groupes. Dispensez-vous d'éplucher les pommes de terre en reformulant votre plat « purée » en « écrasé ». Un simple changement d'appellation fait gagner de précieuses minutes.

RÉCHAUFFE
Si une purée se réchauffe facilement, il faut du temps pour la chauffer à cœur. Pour cela, la meilleure solution est de la stocker en poche sous vide, puis de la tenir au chaud à l'aide d'un thermoplongeur. De cette manière, vous libérez un chauffe-plat et votre four pour d'autres recettes.

4
2

1
3

SUR LE GRIL

Sur les braises d'un BBQ, à la plancha mais également sur des plaques domestiques, les recettes suivantes sont tout-terrain et s'adaptent aux lieux où vous vous trouvez. Si le barbecue apporte une note fumée inégalable, une plancha sera plus réactive, rapide et précise, et l'hiver vous serez au chaud derrière vos plaques de cuisson. À vous de choisir.

chaud / toute saison / *finger food* / lieu inconnu / sur place chez soi / convivial ou festif / trajet

LES BROCHETTES

brochettes de magret de canard
8 pers. (buffet)
Prép. : 5 min
Cuisson : 10 min
1 p.130-131

2 magrets de canard, 4 pommes, 2 citrons, 10 cl de vinaigre de cidre, 1 cuil. à café de sucre de canne, 1 cuil. à café de piment d'Espelette, 1 branche de romarin

Frotter le gras du magret avec le romarin et le saupoudrer de piment d'Espelette. Tailler des gros cubes et réserver. Couper des morceaux de pomme à la mandoline, mélanger le jus des citrons avec le vinaigre de cidre et le sucre de canne. Monter une brochette : pour un morceau de magret, alterner avec 5 tranches de pomme. Cuire sur toutes les faces en commençant par le gras du magret en contact avec les grilles. Le magret doit rester saignant.

brochettes de poulet
8 pers. (buffet)
Prép. : 5 min
Cuisson : 10 min
Marinade : 2 h
2 p.130-131

4 blancs de poulet, 1 citron, 1 cuil. à soupe de graines de sésame, 10 cl de sauce teriyaki, 1 cuil. à soupe de miel, gingembre (racine)

Peler le gingembre (avec le dos d'une petite cuillère) et râper l'équivalent d'une cuillerée à café. Mélanger la sauce teriyaki avec le miel, ajouter le zeste du citron, réserver. Découper les filets de poulet en cubes de 3-4 cm. Faire mariner la viande au minimum 2 heures. Monter les morceaux de viande sur des piques à brochette. Faire cuire environ 10 minutes. Napper à nouveau de sauce et saupoudrer de graines de sésame.

brochettes de poulpe et tomates cerises

pour 8 pers. (buffet)
Prép. : 10 min
Cuisson : 1 h 10

3 p.130-131

½ poulpe, 1 bouillon, 1 poivron rouge, 1 grappe de tomates cerises, 1 citron, 1 cuil. à café de paprika, huile d'olive, gros sel

Congeler les tentacules frais pour casser les fibres (si le poulpe a déjà été congelé, passer cette étape). Cuire le poulpe dans un bouillon à ébullition environ 1 heure. Sortir le poulpe et le passer sous l'eau froide. Réserver. Monter les brochettes en alternant morceau de poulpe, demi-tomate cerise et morceau de poivron. Arroser les brochettes d'huile et cuire 10 minutes sur feu moyen. Servir en arrosant d'un trait d'huile d'olive, d'une pincée de paprika et de gros sel.

brochettes de crevettes ananas curry

pour 8 pers. (buffet)
Prép. : 10 min
Cuisson : 10 min

4 p.130-131

16 crevettes cuites, 1 boîte d'ananas en rondelles au sirop, 1 cébette, 1 cuil. à café de curry, 5 cl d'huile d'olive, 1 citron vert, ½ bouquet de coriandre, 1 cuil. à soupe de cacahuètes

Décortiquer les crevettes, couper les rondelles d'ananas en huit. Monter une brochette en alternant ananas et crevette. Couper finement la cébette, arroser la brochette d'huile d'olive, saupoudrer de cébette et de curry, faire cuire sur feu moyen 10 minutes environ. Arroser d'un filet de jus de citron vert, de coriandre et d'éclats de cacahuète (facultatif).

brochettes de légumes et halloumi

pour 8 pers. (buffet)
Prép. : 10 min
Cuisson : 10 min
Marinade : 1 h

5 p.130-131

200 g de halloumi, 2 aubergines, 2 courgettes, 2 poivrons rouges, 1 poivron vert, 1 poivron jaune, ¼ de citron confit, 1 branche de romarin, 1 gousse d'ail, paprika, 10 cl d'huile d'olive, sel, poivre du moulin

Couper les aubergines en quartiers, puis en lamelles de 5 mm. Couper les courgettes en rondelles de la même épaisseur. Couper les poivrons en cubes de 1,5 cm. Détailler le citron confit et y ajouter les gousses d'ail pressées. Ajouter l'huile d'olive et le paprika, le sel et le poivre. Placer les légumes dans cette marinade avec la branche de romarin effeuillée pendant 1 heure environ. Monter les brochettes en alternant les tranches de légumes avec 1 ou 2 tranches de fromage par brochette.

astuces des brochettes

ATTENDRIR POUR PERCER

Pratiquement tous les aliments peuvent se monter en brochette. Pour les plus durs et cassants comme les pommes par exemple, on les ramollit dans le citron. Il est également important que les ingrédients d'une même brochette aient des épaisseurs similaires pour assurer une cuisson homogène. On accumule alors les éléments plus petits, afin qu'ils aient l'épaisseur des plus gros.

EN AVANCE

Si vous avez une équipe de cuisine réduite, il est possible de monter puis de cuire ces brochettes en avance. Vous pourrez les tenir au chaud dans des chauffe-plats ou même dans des poches sous vide (en prenant soin de ne pas les percer) maintenues au chaud par un bain-marie à l'aide d'un thermoplongeur. Mais il est vrai que vous perdez le charme du direct.

BROCHETTES FROIDES

La plupart des recettes de charcuterie, p.96, de viande froide, p.102, ou des recettes comme le jambon de Noël, p.144, ou la dinde, page p.146, peuvent constituer la base d'une brochette froide avec des légumes croquants, une sauce sirupeuse et une pluie d'herbes fraîches. Les quiches, p.110, peuvent également être montées sur pique à brochette.

4
3
5

1
2

LA VIANDE SUR LE GRIL

Véritable messe annuelle, la viande grillée appelle au lâcher-prise et à la convivialité. La côte de bœuf, les ribs et les saucisses/merguez trônent sur le podium de la viande grillée depuis de nombreuses années. Pourtant, d'autres morceaux sont aussi savoureux et parfois plus pratiques et économiques pour nourrir la grande tablée sous le parasol ! Voici notre podium des grandes grillades. Nachos, tartines et *finger food*, ces trois recettes permettent de réduire vaisselle et couverts : pratique quand on est dehors !

basse côte

8 pers. (buffet)
Prép. : 5 min
Cuisson : 5 min par tournée
Marinade : 1 h

700 g de basse-côte à griller
marinade : 10 cl de vinaigre, 25 cl d'huile d'olive, 1 botte de persil haché, 1 citron, 1 branche de romarin, 1 feuille de laurier, 1 branche de thym

Prélever le zeste et le jus du citron et mélanger avec tous les éléments qui composent la marinade. Ajouter la viande et laisser mariner au minimum 1 h. Cuire la viande au BBQ, à la manière d'un kebab : découper la partie grillée et remettre le reste de la viande sur le feu. Picorer ainsi la partie prête jusqu'à la prochaine tournée. Cette manière de déguster prolonge le repas et invite à la convivialité. Cette formule est idéale en tacos pour accentuer l'aspect tapas : avec un guacamole, p.81, du maïs grillé, p.136, du citron vert et un pico de gallo, p.191.

araignée de porc

8 pers. (buffet)
Prép. : 5 min
Cuisson : 5 min
Marinade : 1 h

800 g d'araignée de porc
marinade : 4 cuil. à soupe de moutarde, 4 cuil. à soupe de crème fraîche, 1 cuil. à café de câpres, 3 échalotes, 5 cl de vinaigre de cidre, ⅓ de botte de persil

Hacher le persil et les échalotes, et mélanger avec tous les autres éléments qui composent la marinade. Enduire la viande de la marinade et laisser reposer 1 h environ. Sortir la viande de la marinade et cuire sur feu moyen. Faire réduire la marinade dans une casserole pour servir en sauce nappante. Servir sur des tartines grillées de pain garni marocain, p.138, avec 1 cuillerée de sauce et quelques herbes fraîches.

pilons sauce BBQ

8 pers. (buffet)
Prép. : 5 min
Cuisson : 20 min
Marinade : 1 h
Matériel
pinceau

8 pilons de poulet, 35 cl de sauce BBQ, p.190

Enduire les pilons de poulet de sauce BBQ au pinceau. Cuire sur feu doux en enduisant régulièrement d'une fine couche de sauce BBQ. Enduire une dernière fois de sauce BBQ juste avant de servir. Idéal avec des pommes de terre hasselback, p.122, des potatoes, p.114, ou des frites pour pouvoir échapper aux couverts.

BASSE CÔTE →

LES MOULES SUR LE GRIL

Les sardines et les maquereaux ne sont pas du goût (et de l'odorat) de tous. Quant aux autres poissons et crustacés, ils sont bien souvent trop chers pour nourrir des grands groupes. Ce sont les moules qui, à nos yeux, se révèlent être la meilleure option iodée à mettre sur le gril. Peu importe la saison, il y a une recette de moules qui correspond.

9 pers. (à table)
Prép. : 5 min
Cuisson : 20 min

Ingrédients
5 l de moules
100 g de chorizo
1 branche de thym
1 poivron rouge
1 cébette
2 citrons
2 gousses d'ail
1 pincée de piment d'Espelette
1 verre de pineau ou de vin blanc
¼ de botte de persil
huile d'olive

Moules chorizo

Nettoyer les moules (nous vous conseillons de le faire faire par le poissonnier). Couper le poivron en lanières. Ciseler la cébette, presser les gousses d'ail. Verser un filet d'huile d'olive dans une grosse casserole, une marmite ou une grande poêle à paella. La poser sur les plaques cuisson (ou sur la plancha ou les grilles du BBQ). Y déposer les moules et ajouter au bout de 5 minutes l'ail pressé, le thym, la cébette et des quartiers de citron. Dès que les moules commencent à s'ouvrir, arroser de pineau ou de vin blanc. Ajouter le chorizo, le persil haché. Servir avec une pincée de piment d'Espelette. Accompagner de riz.

quantités : Compter 1 l de moules par personne de 1 à 6 convives, diminuer ce ratio s'ils sont plus nombreux. Compter 1 l pour 3 personnes sur un buffet.
astuce : Si possible se munir d'un récipient avec couvercle pour accélérer l'ouverture des moules.
le menu s'écrit tout seul : Les restes peuvent être utilisés sur le modèle des rillettes de poisson, p.106.
variante hiver : moules, échalotes, persil, crème fraîche, vin blanc
variante automne : moules, persil, vin blanc, accompagnements crus : jeunes pousses d'épinard, fromage de chèvre, pomme et noix
variante été : moules, lait de coco, piment, curry, cébettes

LES LÉGUMES SUR LE GRIL

Quoi de mieux pour célébrer l'été que de griller ses plus beaux représentants ? Des légumes gorgés de soleil, soit réunis dans l'assiette, soit cuits indépendamment pour découvrir de nouvelles saveurs, comme celles de l'avocat grillé, par exemple.

légumes du soleil
8 pers. (buffet)
Prép. : 5 min
Cuisson : 15 min
Marinade : 1 h

2 aubergines, 3 courgettes, 2 oignons rouges, 4 tomates, 2 citrons, 2 oranges, 1 poivron rouge, 1 poivron vert, 1 poivron jaune, 2 carottes, 1 épi de maïs, huile d'olive, 1 botte de persil, 1 bloc de parmesan, amandes concassées
Couper tous les fruits et légumes, les prendre bio et garder la peau (même celle des oranges !). Les déposer soit directement sur la plancha, soit sur une poêle allant sur les plaques du four ou sur les grilles du BBQ. Ajouter un filet d'huile d'olive. Au moment de servir, ajouter les amandes concassées, le persil et des éclats de parmesan.

épis de maïs
8 pers. (buffet)
Prép. : 2 min
Cuisson : 10 min

4 épis de maïs cuits, beurre, sel, poivre du moulin, paprika (facultatif)
Enduire chaque épi de maïs de beurre mou (pommade), le couper en deux et le griller au BBQ ou sur la poêle, la plancha ou les plaques. Le retourner régulièrement. Assaisonner.

astuce : Pour faciliter la dégustation, piquer 1 cure-dents de chaque côté.

aubergine
8 pers. (buffet)
Prép. : 2 min
Cuisson : 25 min

4 aubergines, ail en poudre, herbes de Provence, huile d'olive, sel
Laver les aubergines, les couper en deux dans la longeur. Quadriller les chairs à la pointe du couteau. Mélanger herbes de Provence, ail en poudre, sel et huile d'olive. Enduire la chair des aubergines de ce mélange, à l'aide d'un pinceau ou directement à la cuillère. Cuire 5 minutes côté chair puis 20 minutes côté peau, tout en enduisant régulièrement du mélange.

avocats grillés
8 pers. (buffet)
Prép. : 2 min
Cuisson : 10 min

4 avocats durs, paprika, ail en semoule, huile d'olive
Mélanger les épices et l'huile, couper les avocats en deux dans la longueur, retirer noyaux et peau. Imprégner les avocats du mélange d'épices, les couper en tranches de 1 cm, les griller, déguster chaud.

le menu s'écrit tout seul : Parfait pour utiliser les avocats pas suffisamment mûrs pour un guacamole, p.81.

LE PAIN DANS LE GRIL

On placera ces pains surprises nouvelle génération à côté des braises du BBQ ou dans le four. Ces recettes sont des cadeaux bonus : elles prennent un minimum de temps et cuisent en même temps que vos autres préparations, nul besoin de s'en occuper.

8 pers. (à table)
Prép. : 5 min
Cuisson : 15 min

Ingrédients
1 pain de campagne de taille moyenne, tranché
150 g de beurre pommade
1 gousse d'ail écrasée
70 g de concentré de tomates
1 cuil. à soupe de cumin
½ bouquet de coriandre

pain garni marocain

Mélanger tous les ingrédients à la fourchette dans un gros bol jusqu'à obtenir une pâte lisse. Enduire chaque tranche du pain de cette tartinade en couche moyenne, comme une tartine généreuse, d'un seul côté seulement. Recomposer le pain. L'envelopper d'une couche de papier cuisson et de 2 couches de papier aluminium.

Au BBQ : déposer le pain au coin du barbecue, 15 minutes sur chaque côté (dessus puis dessous), de façon que l'intérieur soit fondant et la croûte croustillante. Attention à ne pas le mettre au milieu du BBQ ou sur des braises trop fortes pour ne pas qu'il brûle malgré le papier aluminium.

Au four : déposer le pain en même temps que vos autres préparations, compter environ 15 minutes pour four à 180 °C.
Sortir le pain et le mettre sur un plat, idéal pour l'apéro ou en accompagnement d'une recette sur le gril.

tips : Un réflexe à avoir à chaque BBQ ou si une place reste libre dans le four. Privilégiez les pains allongés, qui offriront des tranches plus équitables que les pains ronds.
variante garlic bread : 200 g de beurre pommade, 3 gousses d'ail écrasées, 1 bouquet de persil ciselé et le jus de 1 citron.

LES GROS MORCEAUX

Un gros morceau à cuire, c'est souvent la bonne solution pour nourrir toute une tablée d'affamés. Ces recettes grand format célèbrent généralement une saison particulière et invitent toujours à la fête. Elles conduisent naturellement vers des repas assis, mais quelques twists permettent de les convertir également en buffet.

une grosse pièce de viande ou de poisson / festif / saisonnier / souvent chaud / à table / buffet possible

SAUMON ENTIER

12 pers. (à table)
Prép. : 15 min
Dégorgement : 1 h 30
Cuisson : 1 h

Ingrédients
saumon entier vidé (2,5 kg)
gros sel
sucre blanc
1 citron
1 oignon rouge
1 bouquet d'aneth
1 filet d'huile d'olive
1 cuil. à soupe de baies roses
poivre du moulin
les graines de 1 grenade

Matériel
grand four

Mélanger le gros sel et le sucre, frotter l'intérieur du saumon de ce mélange et laisser dégorger pendant 1 h 30. Rincer le mélange à l'eau claire. Préchauffer le four à 110 °C. Couper le citron en tranches de 0,5 cm d'épaisseur, faire de même avec l'oignon rouge. Ouvrir au maximum les flancs du saumon en pressant avec les mains le long de la colonne. Disposer dans la lèchefrite avec une feuille de papier cuisson. Placer un petit bol d'eau dans le four. Répartir les tranches de citron et d'oignon sur les filets. Cuire 1 heure. Servir tiède, à la cuillère, sur des blinis, avec des graines de grenade, des baies roses frottées ainsi que quelques feuilles d'aneth et un trait de citron.

le menu s'écrit tout seul : Utiliser les restes pour réaliser des rillettes de poisson, p.106. Vous pouvez prendre un saumon plus gros et en prélever une partie pour réaliser une quiche épinard saumon, p.110.

tips : Avant d'acheter le plus gros saumon de la poissonnerie, vérifiez qu'il rentre dans votre four ! Il en vaut mieux deux moyens qu'un énorme qu'on sera obligé de découper.

GIGOT D'AGNEAU

S'il y a bien une viande saisonnière, c'est le gigot d'agneau. Il annonce le début du printemps et la belle saison qui arrive. Accompagné d'asperges et de fraises, il fait partie de ces rendez-vous annuels qu'il ne faut pas louper. Après 7 heures de cuisson, vous serez content d'être arrivé au printemps.

8 pers. (à table)
Prép. : 15 min
Cuisson : 7 h
Repos : 20 min

Ingrédients
2 kg de gigot d'agneau
6 gousses d'ail
2 branches de romarin
4 feuilles de laurier
4 cuil. à soupe d'huile d'olive
sel, poivre du moulin
6 carottes
2 oignons
3 échalotes

Préchauffer le four à 120 °C. Peler et couper les carottes en gros morceaux. Éplucher les oignons et les échalotes et les couper finement. Faire chauffer l'huile d'olive à feu vif dans une cocotte allant au four – assurez-vous que la cocotte soit suffisamment grande pour accueillir le gigot. Lorsque l'huile est chaude, assaisonner la viande. Faire revenir le gigot dans la cocotte jusqu'à ce qu'il soit bien doré de tous les côtés. Cela permettra de sceller les jus à l'intérieur de la viande.

Retirer la viande et, dans la même huile, ajouter les carottes, les oignons, les échalotes, 2 gousses d'ail émincées. Saler et poivrer. Faire revenir le tout à feu moyen 4 à 5 minutes. Puis ajouter les branches de romarin et les feuilles de laurier. Éplucher les gousses d'ail restantes et les couper en tranches épaisses. Insérer les tranches d'ail dans des incisions faites dans la viande. Ajouter le gigot d'agneau dans la cocotte.

Couvrir la cocotte avec un couvercle hermétique ou un papier d'aluminium, puis enfourner. Laisser cuire pendant 7 heures, en retournant le gigot toutes les 1 h 30 pour une cuisson uniforme. Vérifier également le niveau de liquide et en ajouter si nécessaire.

Après 7 heures de cuisson, retirer le gigot d'agneau du four et le laisser reposer pendant environ 20 minutes dans du papier de cuisson ou sulfurisé. Cela permettra aux jus de se répartir uniformément dans la viande.

Servir avec des asperges marinées, p.73, une botte d'asperges déglacées au vinaigre balsamique et des pommes de terre coupées en deux et quadrillées à la pointe du couteau saupoudrées d'ail en semoule et cuites au four à 180 °C environ 30 à 40 minutes.

JAMBON DE NOËL

Le jambon de Noël est une tradition des Antilles très codifiée avec des marques référentes qui proposent leur jambon de Noël et leur mélange d'épices. Ici une version express et simplifiée. Un jambon qui se déguste chaud, attablé, mais également froid, en brochette ou en chiffonade, lors d'un buffet. Cette recette facile et délicieuse s'adaptera à tous les groupes, en demandant au charcutier de couper le poid désiré dans un jambon (en prenant l'os).

30 pers. (à table)
60 pers. (en buffet)
Prép. : 30 min
Cuisson : 1 h 30

Ingrédients
7 kg de jambon cuit
12 tranches d'ananas au sirop
100 g de sucre de canne
100 g d'oignon blanc
60 g de cébette
15 g de piment oiseau
½ bouquet de persil
3 g de quatre-épices
Matériel
trancheuse pour buffet

Préchauffer le four à 200 °C. Peler l'oignon blanc et la cébette. Nettoyer et éponger les branches de persil. Laver le piment et l'épépiner. Mixer le tout dans un robot mixeur avec 15 g de sucre de canne et le mélange quatre-épices jusqu'à obtenir une sorte de pâte bien homogène.

Retirer la couenne du jambon cuit sur une épaisseur d'un demi-centimètre. Déposer le jambon dans un plat allant au four. Faire des entailles profondes dans le jambon, puis, à l'aide d'un pinceau, les farcir avec la pâte aux épices. Parsemer le jambon cuit du restant de sucre de canne, puis le masser sur toute sa surface avec les mains. Égoutter les tranches d'ananas (en conservant leur jus) et les placer sur le jambon cuit. Arroser avec le jus d'ananas réservé.

Enfourner pendant 1 h 20. Arroser le jambon cuit avec le jus de cuisson en cours de cuisson, toutes les 20 minutes. Positionner le four en position gril et faire griller 10 minutes. À la fin de la cuisson, couper le jambon cuit en tranches régulières et les servir dans les assiettes nappées de jus de cuisson et accompagnées de tranches d'ananas. Servir avec une purée de patates douces, p.125.

le menu s'écrit tout seul : Utiliser les restes pour réaliser une salade piémontaise, p.90.
variantes : Sur le principe d'une croûte sucrée qui va caraméliser à la cuisson et une herbe infusée qui va parfumer les viandes, vous pouvez décliner ce jambon en toute saison, voici quelques propositions de variantes saisonnières :
variante d'automne : figues / piment / romarin
variante de printemps : abricot / miel / verveine
variante d'été : pêche / pesto, p.82 / origan

DINDE RÔTIE À L'ORANGE

Le repas idéal de fin d'année ! Festif, saisonnier, simple et savoureux. Hors saison, pensez à commander bien en avance la dinde à votre boucher. Comptez une vollaille de 4-5 kilos pour 10 personnes. Une dinde peut peser jusqu'a 12 kilos... Vérifiez les dimensions de votre four pour les plus grosses bêtes.

10 pers. (à table)
Prép. : 20 min
Cuisson : 3 h
Repos : 45 min

Ingrédients
1 dinde de 4 kg
10 grosses échalotes
1 tête d'ail
1 branche de thym
50 cl de bouillon de volaille
10 cl de pineau
Farce aromatique
2 oignons
2 clous de girofle
4 oranges
2 citrons verts
1 brin de romarin
2 feuilles de sauge
1 tête d'ail
Laquage
2 oranges
2 cuil. à soupe de miel liquide
3 cuil. à soupe d'huile d'olive
Sel
Poivre du moulin
Matériel
plat à grille (facultatif)

Faire la farce. Éplucher les oignons, les couper en quatre, piquer deux des quartiers avec les clous de girofle. Peler les oranges à vif, les couper en quartiers. Brosser les citrons, les couper en quatre. Fourrer la dinde avec les oranges, les citrons, les oignons, le romarin et la sauge. Finir avec une tête d'ail non épluchée, non écrasée.

Déposer la dinde sur un plat à grille (idéal pour les volailles) et les échalotes coupées en deux dans la longueur (non épluchées) en dessous (dans la lèchefrite), ajouter la tête d'ail restante. Si vous n'avez pas ce type de plat, déposer directement sur le lit d'échalotes et d'ail. Pour le laquage, zester et presser le jus des oranges dans un bol. Ajouter le miel, mélanger. Incorporer l'huile d'olive, saler, poivrer. Enduire la peau avec la préparation à d'huile d'olive à l'aide d'un pinceau alimentaire. Verser le bouillon et le pineau autour de la volaille.

Démarrer le four à 180 °C (départ à froid) et enfourner pour 2 heures. Puis baisser à 150 °C pendant 1 heure. En cours de cuisson, tourner la volaille à plusieurs reprises et, à chaque fois, enduire la peau avec la préparation à l'huile. À la sortie du four, laisser reposer la viande sous un papier aluminium avant de la découper, au minimum 30 minutes, 45 minutes/1 heure dans l'idéal.

tips : Vérifiez la cuisson à la jointure de la cuisse et de la carcasse, piquez avec la lame d'un couteau, le jus qui s'écoule doit être clair. Par ailleurs, les pattes de la volaille doivent sembler relâchées.
le menu s'écrit tout seul : La dinde froide est également idéale sur un buffet en wraps, p.78, ou simplement en libre-service avec une mayonnaise.

PULLED PORK

La solution à bien des problèmes ! Une viande économique, savoureuse, facile à cuisiner, facile à servir, inratable et qui peut nourir un régiment ? Il n'y en a qu'une.

20 pers. (à table)
Prép. : 30 min
Cuisson : 7 h
Repos : 1 h

Ingrédients
1 poitrine de porc entière (environ 6 kg)
huile d'olive
100 g de rub
20 g de sel
20 g de poivre noir moulu
40 g de paprika moulu
10 g d'ail moulu
10 g d'échalote moulu
35 cl de spray
20 cl d'eau
5 cl d'huile d'olive
5 cl de vinaigre de cidre
5 cl de jus de pomme
sauce North Carolina
Matériel
aluminium et papier cuisson

Réaliser la sauce North Carolina suivant la recette, p.190. Enlever la peau de la poitrine de porc. Retirer la membrane qui recouvre le dos des travers.

Parer la poitrine en enlevant les amas graisseux. Réaliser le spray (en mélangeant tous les ingrédients entre eux) et le rub (en mélangeant tous les ingrédients entre eux). Huiler légèrement la poitrine et l'enduire de rub.

Déposer une épaisseur de papier cuisson sur la lèchefrite du four, y poser la poitrine et enfourner à 120 °C pendant 4 heures. Humidifier au spray toutes les heures. Vaporiser un dernier spray et envelopper de papier cuisson puis d'aluminium. Cuire comme ça pendant 3 heures. Sortir du four et laisser reposer pendant 1 heure. Déballer.

Retirer les os et le cartilage, enlever le surplus de gras. Émietter la viande à l'aide de fourchettes ou de griffes à « pulled », assaisonner avec un peu de la sauce North Carolina et laisser le reste de la sauce à disposition. À déguster avec des légumes à la plancha, p.136, et/ou des potatoes, p.114. Le pulled pork peut également remplacer le steak dans un burger, p.154.

le menu s'écrit tout seul : Vous pouvez prélever dans les 6 kilos de votre poitrine de quoi faire les lardons de votre quiche lorraine, p.110, mais aussi de quoi faire vos rillettes, p100.

PORCHETTA

Une recette qui s'anticipe et demande une bonne technique. Mais un résultat délicieux et économique. Parfait pour vous décharger le jour J, car tout se fait en avance, il n'y a plus qu'à enfourner ! Chaude à l'assiette ou froide tranchée finement sur un buffet (photo, p.151) ? Impossible de choisir !

15 pers. (à table)
120 tranches (en buffet)
Prép. : 1 h
Cuisson : 2 h 30
Repos : 24 h

Ingrédients
1 poitrine de porc désossée avec peau
2 cuil. à soupe de poivre noir entier
3 cuil. à soupe de graines de fenouil
1 cuil. à soupe de poivre rouge concassé
3 cuil. à soupe de romarin en poudre
12 gousses d'ail en purée
100 g de gros sel
sel fin

Matériel
sonde à viande
trancheuse pour buffet

24 heures avant
Ouvrir la poitrine en portefeuille (p.192). Avec une pique à brochette ou un couteau d'office, perforer la peau de la poitrine sur toute la surface (tous les cm environ). Torréfier le poivre noir et les graines de fenouil dans une poêle à sec sur un feu moyen, environ 2 minutes. Transférer dans un mortier et réduire en poudre. Recouvrir la surface charnue de la poitrine avec du sel fin, puis avec les épices et l'ail.

Rouler la poitrine bien serrée, de telle façon que la partie sans peau soit au centre. Préparer entre 12 et 18 morceaux de ficelle de boucher (tous les 4 cm environ le long de la poitrine roulée). Commencer par les extrémités jusqu'au centre. Serrer la ficelle aussi fort que possible. Recouvrir la peau du porc de gros sel, filmer le tout, puis réserver au frigo au minimum 24 heures et jusqu'à 3 jours.

Jour J
Préchauffer le four à 150 °C, placer la poitrine sur une grille au-dessus d'un plat avec un fond d'eau. Cuire jusqu'à ce que la porchetta atteigne 71 °C à cœur, environ 2 heures, en arrosant la viande toutes les demi-heures.
Monter le four à 260 °C et continuer à rôtir jusqu'à ce que la peau souffle et grille entièrement, environ 20 à 30 minutes.

Laisser reposer une quinzaine de minutes avant de trancher la porchetta à l'aide d'un couteau dentelé. Pour en faire des sandwichs ou pour un buffet, laisser refroidir une nuit au frigo et trancher finement à la trancheuse. Servir avec une salade de fenouil, p.92, ou une purée de panais, p.125.

PORCHETTA CHAUDE →

LE SNACKING

SNACKING EXPRESS

Vous ne voulez pas passer des heures en cuisine. Ni vous embarrasser de couverts. Voilà quelques recettes efficaces et délicieuses. L'équipe de cuisine mangera soit de son côté pour envoyer plus rapidement, soit elle se mélangera aux convives dans des groupes plus réduits pour plus de convivialité.

très nombreux / rapide à manger / rapide à servir / *finger food* / trajet / équipe de cuisine dédiée / pas de déchets ni de vaisselle

8 pers. (buffet)
Prép. : 5 min
Cuisson : 10 min

Ingrédients
3-4 baguettes
16 merguez
800 g de légumes grillés, p.136
800 g de houmous, p.80
pickles, p.74 (facultatif)

merguez légumes grillés

Réaliser en avance le houmous, p.80 et les légumes de votre choix selon le principe des légumes grillés, p.136. Réserver. Un peu avant le service, cuire les merguez (BBQ, plancha, poêle). Tenir au chaud. Couper chaque baguette en deux ou trois (selon l'appétit). Au moment du service, ouvrir chaque sandwich et y déposer une belle cuillerée à soupe de houmous, les légumes chauds et enfin les merguez. Vous pouvez ajouter également quelques pickles, p.74.

le menu s'écrit tout seul : Le houmous et les légumes grillés, pourront composer un autre repas du week-end. Vous pouvez remplacer la sobrasada des tartines, p.79, par la chair des merguez ouvertes pour mutualiser ces recettes.

8 pers. (buffet)
Prép. 5 min
Ingrédients

1 kg de la garniture de votre choix
3-4 baguettes
1 concombre long
60 g de coriandre
120 g de mayonnaise maison, p.190
60 g de sauce soja sucrée
sauce piquante au goût
300 g de pickles, p.75

principe de bánh-mi

Stéphane Ruiz tient un *food-truck* de cuisine vietnamienne et il masterise la recette du bánh-mi, une recette aussi pratique que délicieuse, à garnir selon vos envies.

Réaliser ou réchauffer la garniture de son choix (filet mignon, p.103, pulled pork, p.148, ou même pâté, p.100, omelette ou crevettes). Cette base de bánh-mi s'adapte à presque toutes les situations. Couper chaque baguette en deux ou trois (selon l'appétit). Couper le concombre en fines rondelles (3 mm). Laver la coriandre. Réaliser une mayonnaise maison, p.190, en ajoutant de la sauce soja. Déposer les rondelles de concombre sur la longueur. Garnir selon son choix. Mettre les pickles sur toute la surface du sandwich. Ajouter 2 ou 3 brins de coriandre. Finir par un trait de sauce soja sucrée et de la sauce piquante au goût.

MERGUEZ LÉGUMES GRILLÉS →

hot-dog
pour 10 pers.
(à table)
Prép. : 10 min
Cuisson : 5 min

10 pains à hot-dog, 10 saucisses à hot-dog, 10 tranches de cheddar, 100 g de beurre, moutarde, ketchup, relish, oignons frits

Faire cuire les saucisses pendant 5 minutes à l'eau, au micro-ondes ou à la poêle. Ouvrir d'un côté les pains et recouvrir une face d'une fine couche de moutarde. Garnir chaque pain d'une saucisse et les disposer les uns contre les autres dans un plat à gratin face ouverte vers le ciel. Émietter le cheddar dans l'ouverture sur la saucisse dans chaque pain. Préchauffer le four à 180 °C. Enfourner le plat 5 minutes. Proposer le relish, les oignons frits et les sauces en libre-service.

Tips : Préparez plusieurs plats en avance, de cette manière impossible d'être pris au dépourvu.

croques
pour 9 pers.
(à table)
Prép. : 10 min
Cuisson :
10 -20 min

18 tranches de pain de mie, 9 tranches de jambon, fromage râpé, 500 g de béchamel

Réaliser la béchamel, en suivant la recette, p.190. Étaler un papier cuisson sur la lèchefrite, y déposer 9 tranches de pain de mie, étaler sur chaque une belle cuillerée à soupe de béchamel, puis déposer une tranche de jambon. Ajouter une couche plus légère de béchamel et saupoudrer d'un peu de fromage râpé. Mettre la deuxième tranche de pain de mie comme couvercle, puis une bonne cuillerée à soupe de béchamel et terminer par une belle poignée de fromage râpé. Préchauffer le four à 180 °C. Enfourner pour 10-20 minutes. Faire gratiner dans les dernières minutes.

Tips : Préparez plusieurs lèchefrites en avance, vous n'aurez qu'à les enfourner durant la soirée. Comptez 9 tranches par lèchefrite.

burger en place
pour 10 pers.
(à table)
Prép. : 10 min
Cuisson : 20 min

10 buns, 10 tranches de cheddar, 10 tranches de bacon, 10 steaks hachés, 10 tranches de tomate, 10 feuilles de salade de type Iceberg, 50 cl de mayonnaise, p.190, ou de sauce BBQ, p.190.

Réaliser la sauce de son choix : mayonnaise, ou sauce BBQ. Couper les tranches de tomate. Étaler une feuille de papier cuisson sur la lèchefrite et la laisser sortie. Préchauffer le four à 180 °C. Préparer la mise en place avec tout à portée de main et dans cet ordre, de la droite vers la gauche : cheddar, sauce, tomate, salade. Préparer un plat avec couvercle pour garder au chaud les viandes. Cuire les bacons et les réserver dans le plat au chaud. Sous-cuire les steaks qui doivent être bleus et les réserver au chaud. Étaler une ligne de dessous de bun sur la plaque, puis une ligne de chapeaux, et ainsi de suite. Chaque plaque lèchefrite doit finir par une ligne de chapeaux. Déposer sur chaque bas de bun un steak, une tranche de bacon, puis une tranche de cheddar et enfourner. Sortir la plaque du four quand le bun du haut est doré et la placer face à la mise en place. Disposer une belle cuillerée à soupe de sauce, la tranche de tomate puis la salade, refermer avec le chapeau du dessus, tenir fermé avec une petite pique à brochette.

Tips : C'est la mise en place qui est ici primordiale !

L'ATELIER SNACKING GALETTE

Oui, le *snacking* permet de cuisiner et de manger rapidement, mais il a également ce pouvoir de créer des temps légers et informels. Vous pouvez ainsi partager la cuisine avec vos invités. Vous aurez préparé la mise en place et tout le monde fabrique son repas. Les soirées durent plus longtemps et la convivialité s'installe.

chaud / collaboratif / équipement spécifique / convivial / pas si nombreux / profiter des invités

pâte à galettes

10 pers. (à table)
Prép. : 20 min
Cuisson : 2 min par galette
Repos : 48 h
Matériel
billig, raclette ou râteau, spatule en bois, spatule en acier

pâte à galette : 500 g de farine de sarrasin, 500 g de farine de sarrasin entière, 1 œuf, 2 cuil. à soupe de gros sel, poivre, eau froide, beurre

48 heures en avance : Mélanger à la main les farines dans un grand (très grand) cul-de-poule. Ajouter le gros sel, poivrer généreusement – le poivre accentue le goût du sarrasin. Ajouter l'œuf et mélanger toujours à la main. Ajouter l'équivalent d'une tasse d'eau froide et mélanger toujours à la main, ajouter de l'eau tout en remuant en incorporant le plus d'air possible pendant environ 15 minutes. La texture doit rester épaisse à la manière d'une purée. Transvaser dans un récipient plus petit, filmer au contact et laisser reposer 48 heures au frigo.

Le jour J

FINIR LA PÂTE
Sortir le pâton et le mettre dans un grand cul-de-poule. Ajouter progressivement de l'eau froide, la texture attendue est celle du lait, mais il est préférable d'être plus épais pour délayer après la première galette. Remuer à la main et aérer au maximum. Continuer jusqu'à l'apparition de bulles.

DISPOSITION ET MATÉRIEL
Préparer les instruments autour de la billig. Le râteau ou la raclette (rozell) selon les affinités, un récipient plat rempli d'eau pour rincer râteau ou racloir, une spatule en bois et une spatule en acier. Un bol de beurre fondu avec un pinceau, une longue spatule pour vous aider à retourner les galettes. Prévoir aussi un bec verseur avec la pâte et un chiffon imbibé d'huile pour passer entre chaque galette.

PRÉCUIRE LES GALETTES
Chauffer la billig à 230 °C, puis procéder comme suit : verser d'une main un diamètre d'environ 15 cm de pâte. Étaler par petits à-coups avec votre râteau, d'un mouvement de l'extérieur vers l'intérieur, finir par un mouvement uniforme qui va répartir uniformément la pâte. C'est un coup de main à prendre. Laisser cuire quelques instants. Beurrer le périmètre de la galette à l'aide du pinceau afin d'avoir le « kraz », la dentelle croustillante recherchée. Une fois colorée, décoller la galette à l'aide de la spatule en acier en la prenant sur sa moitié et s'aider de la seconde spatule pour retourner la galette et cuire son second côté. Plier la galette en quatre à l'aide des spatules et réserver. Cuire en avance toutes les galettes de cette façon. Préparer les garnitures. Vous proposerez aux convives de garnir et finir la cuisson de leur galette.

ATELIER GALETTES
Baisser la température de la billig, huiler la surface de cuisson, déplier la galette et la beurrer uniformément. Déposer la garniture choisie dans l'ordre indiqué. Replier les quatre côtés de manière à former un carré, décoller avec la spatule et servir.

galette complète

1 pers. (à table)
Prép. : 10 min
Cuisson : 10 min

1 p.158-159

garniture : 1 œuf, 1 tranche de jambon, 1 poignée de fromage râpé, poivre du moulin

Préparer la mise en place avec chaque ingrédient accessible dans un contenant et un endroit pour les coquilles d'œufs.

montage de la galette : Déplier la galette sur la billig à 180 °C, réaliser un périmètre de fromage autour du centre de la galette, de cette manière l'œuf sera contenu dedans. Casser l'œuf et le déposer à cet endroit. Émietter le jambon sur le fromage. Poivrer généreusement. Une fois l'œuf cuit, replier les bords et servir.

Tips : Pour plus de rapidité au service, percez l'œuf et étalez-le sur la galette puis déposer le fromage et le jambon. Attention à la dose de fromage, trop de fromage masquera la finesse et le croustillant de la galette.

galette poireau chèvre

1 pers. (à table)
Prép. : 10 min
Cuisson : 10 min

2 p.158-159

garniture : ¼ de poireau, 5 cl de vinaigre de cidre, fromage de chèvre, sel, poivre du moulin

Nettoyer le poireau, le couper et le faire revenir à la poêle dans du beurre, déglacer au vinaigre de cidre, saler et poivrer. Réserver.

montage de la galette : Déplier la galette sur la billig à 180 °C, déposer la fondue de poireau sur la galette et étaler. Saupoudrer de fromage de chèvre, replier les côtés et servir.

Tips : Préparez votre fondue de poireau en avance ainsi que l'émietté de chèvre, il ne vous restera plus que l'assemblage.

pomme andouille de Guémené

1 pers. (à table)
Prép. : 10 min
Cuisson : 10 min

3 p.158-159

garniture : 6 tranches d'andouille de Guémené, 6 tranches de pomme mandolinées, vinaigre de cidre, beurre, jus de 1 citron

Cuire les tranches de pomme dans du beurre, arroser d'un filet de citron et d'un trait de vinaigre de cidre.

montage de la galette : Déplier la galette sur la billig à 180 °C. Alterner en son centre tranche d'andouille et pomme afin de réaliser un damier.

Tips : Cuire les pommes en avance, elles réchaufferont sur la billig.

champignon lard

1 pers. (à table)
Prép. : 10 min
Cuisson : 10 min

4 p.158-159

garniture : 1 tranche de lard de 100 g, 200 g de champignons, persil, ½ gousse d'ail, 1 échalote

Éplucher l'échalote et la ciseler. Presser l'ail, ciseler le persil. Brosser et couper les champignons en lamelles. Couper la tranche de lard en lardons, les faire revenir à la poêle, puis réserver. Dans le gras des lardons ajouter échalote, ail, persil et champignons. Réserver.

montage de la galette : Déplier la galette sur la billig à 180 °C. Répartir la garniture, plier les côtés et servir.

Tips : Cuire la garniture en avance, elle réchauffera sur la billig.

2
1
3
4

L'ATELIER SNACKING PIZZA

Une soirée entre amis à refaire le monde, en commençant par garnir ensemble ses pizzas, ça vous tente ? Commandez votre pâte à pizza, préparez votre sauce (ou achetez-en une toute faite), réalisez toute votre mise en place : sortez les fromages, coupez/présentez la charcuterie, ne lésinez pas sur les toppings : tranches de tomate, roquette, olives... N'oubliez pas les herbes, basilic et origan en tête, et enfin huile pimentée. Tout doit être prêt et sous la main pour laisser s'exprimer votre créativité.

Équipez-vous : four domestique ou l'un de ces nouveaux mini-fours à pizza. Il ne reste qu'à inviter vos amis et à composer ensemble les pizzas de votre soirée en les cuisant et les dégustant au fur et à mesure. Voici une base de sauce tomate et quelques recettes pour vous inspirer, puis innover sur les vôtres.

sauce tomate et huile pimentée
10 pers. (à table)
Prép. : 5 min
Cuisson : 10 min

1 p.162-163

Huile pimentée : huile d'olive, 1 piment oiseau, 1 feuille de laurier
Base sauce pour pizza : 500 g de tomates pelées en boîte, 2 oignons, 2 gousses d'ail, 2 branches de thym, ⅓ de botte de basilic, 2 feuilles de laurier, huile d'olive, 2 cuil. à café de double concentré de tomates en tube, 80 g de cassonade, sel, poivre du moulin

Faire infuser l'huile d'olive avec le laurier et le piment oiseau.
Dans une grande casserole, faire revenir les oignons émincés dans un filet d'huile d'olive. Ajouter les gousses d'ail écrasées au presse-ail, le thym, le laurier, le double concentré de tomates et les tomates pelées. Saler et poivrer. Mijoter à feu doux jusqu'à ce que le mélange épaississe puis ajouter le basilic ciselé et la cassonade. Laisser encore mijoter doucement quelques minutes pour que le basilic se diffuse dans la sauce. Retirer le laurier et le thym et passer la préparation au mixeur à soupe, tout en veillant à ne pas la rendre trop liquide. Réserver.

Tips : Réaliser une grande quantité de sauce que vous stériliserez, (p.43) pour d'autres *pizzas parties*. Pour des repas (à table) ou des ateliers, la pizza ronde est idéale avec ces parts triangulaires à partager. Pour des buffets, les pizzas rectangulaires aux portions plus petites sont à favoriser.

Margarita
1 pizza
Prép. : 5 min
Cuisson : 1 min (four spécialisé)
10 min (four domestique)
Matériel
pelle à pizza

pâte à pizza, huile d'olive, 1 louche de sauce tomate ci-dessus (ou toute faite), 125 g de mozzarella di bufala campana, bloc de parmesan reggiano, 1 poignée de semoule de blé dur extra-fine

Étaler la pâte à pizza en l'étirant à la main sur la semoule de blé dur. Étaler 1 louche de sauce tomate de fine épaisseur, disposer des tranches de mozzarella et recouvrir de parmesan. À l'aide de la pelle à pizza, enfourner soit quelques secondes dans un four spécialisé, soit à 225 °C pendant 10 minutes dans un four domestique. Sortir et garnir de feuilles de basilic.

mortadelle ricotta

1 pizza
Prép. : 5 min
Cuisson : 1 min (four spécialisé) 10 min (four domestique)
Matériel
pelle à pizza

2 p.162-163

1 pâte à pizza, huile d'olive, 1 louche de sauce tomate ci-contre (ou toute faite), 1 tranche de mortadelle, 100 g de ricotta, 1 poignée de pistaches, 1 poignée de roquette, 1 cuil. à soupe de pesto pistache, p.82, 1 poignée de semoule de blé dur extra-fine

Réaliser la sauce tomate, enlever la peau de la mortadelle et la détailler en lanières. Laver la roquette. Réaliser le pesto, ou tout autre pesto (ou un tout fait de bonne qualité). Décortiquer une dizaine de pistaches. Les hacher grossièrement et réserver. Étaler la pâte à pizza en l'étirant à la main sur la semoule de blé dur. Étaler 1 louche de sauce tomate de fine épaisseur. Enfourner soit quelques secondes dans un four spécialisé, soit à 225 °C pendant 10 minutes dans un four domestique. Sortir et garnir de quelques feuilles de roquette, des tranches de mortadelle, de ricotta émiettée, des pistaches et de pesto.

Tips : Vous pouvez huiler le bord de la pizza au pinceau pour qu'il soit bien doré.

gorgonzola endive coppa

1 pizza
Prép. : 5 min
Cuisson : 1 min (four spécialisé) 10 min (four domestique)
Matériel
pelle à pizza
mandoline

3 p.162-163

1 pâte à pizza, huile d'olive, 1 louche de sauce tomate ci-contre (ou toute faite), 125 g de gorgonzola, bloc de parmesan, 1 endive rouge, coppa, basilic frais, 1 poignée de semoule de blé dur extra-fine

Couper finement l'endive, puis la réserver avec un filet d'huile d'olive. Étaler la pâte à pizza en l'étirant à la main sur la semoule de blé dur. Étaler 1 louche de sauce tomate de fine épaisseur. Émietter 100 g de gorgonzola et quelques feuilles d'endive. Enfourner soit quelques secondes dans un four spécialisé, soit à 225 °C pendant 10 minutes dans un four domestique. Sortir et garnir de quelques feuilles fraîches d'endive, des tranches déchirées de coppa, du gorgonzola restant émietté, de feuilles de basilic et de copeaux de parmesan.

chorizo fenouil

1 pizza
Prép. : 5 min
Cuisson : 1 min (four spécialisé) 10 min (four domestique)
Matériel
pelle à pizza
mandoline

4 p.162-163

1 pâte à pizza, huile d'olive, 1 louche de sauce tomate ci-contre (ou toute faite), huile d'olive, 125 g de mozzarella di buffala, ¼ de bulbe de fenouil, bloc de parmesan, chorizo, basilic frais, 1 poignée de semoule de blé dur extra-fine

Réaliser la sauce tomate, mandoliner le fenouil et le mélanger à un filet d'huile d'olive. Étaler la pâte à pizza en l'étirant à la main sur la semoule de blé dur. Étaler 1 louche de sauce tomate de fine épaisseur, émietter la mozzarella, disposer quelques fines lamelles de fenouil. Enfourner à l'aide de la pelle à pizza, soit quelques secondes dans un four spécialisé, soit à 225 °C pendant 10 minutes dans un four domestique. Sortir et garnir de feuilles de basilic, de tranches de chorizo et de copeaux de parmesan.

Tips : La semoule permet de faire glisser facilement la pâte de son support sans coller et de proposer une pâte plus fine. Au four domestique, vous pouvez étaler et garnir la pizza directement sur la lèche-frite, en prenant soin de mettre un papier cuisson et de la semoule extra-fine.

3
4

1
2

LES PLATS DE GÉANT

Vous êtes plus d'une quinzaine à la maison. Vous organisez le repas de fin d'année de votre club sportif ou la tombola de vos enfants... Les plats de géant sont faits pour vous. Ces plats voient les choses en grand et la plupart des préparations se déroulent directement autour de la poêle à paella. On vous propose également des recettes inédites pour vous permettre de rentabiliser la location du matériel pour le week-end.

très nombreux / festif / location / préparation unique / cuisine en extérieur / convivial

LA PAELLA DE PAPA

12 pers. (à table)
Prép. : 1 h
Cuisson : 1 h 15
Repos : 10 min

Ingrédients
50 cl d'huile d'olive
2 poivrons rouges
1 poivron vert
1 kg d'échine de porc
12 pilons de poulet
24 crevettes moyennes
12 verres à moutarde de riz (on compte 1 petit verre à moutarde par personne)
24 verres à moutarde d'eau (on compte au moins 2 fois le volume de riz)
6 gousses d'ail
6 belles tomates (ou boîte de tomates)
6 sachets de rizdor
2 g de safran
sel, poivre du moulin
30 moules de bouchot
1 boîte de haricots verts
6 citrons non traités
24 tranches de chorizo

Verser de l'huile d'olive dans la poêle à paella et faire chauffer à feu moyen. Faire revenir les poivrons coupés en dés jusqu'à ce qu'ils soient fondants (environ 15 minutes) et les réserver. Dans la même huile, faire revenir la viande. Elle doit être saisie et presque cuite (compter entre 8 et 12 minutes selon l'épaisseur des cubes d'échine et entre 10 et 15 minutes pour le poulet). Réserver.

Dans la même huile,faire revenir les crevettes en les saisissant dessus, dessous pendant 3-4 minutes et les réserver. Dans la même huile, disposer les gousses d'ail et faire fondre les tomates. Lorsqu'elles commencent à s'écraser, jeter en pluie le riz dans la poêle et remuer pour l'enduire d'huile et le faire revenir. Lorsque le riz commence à devenir translucide, ajouter les poivrons et remuer. Vous aurez préparé un grand verre d'eau tiède avec les sachets de rizdor, du sel, du poivre et les filaments de safran. Verser le verre d'eau sur le riz et bien remuer pour que le riz se colore. Ajouter l'échine, le poulet et les crevettes.

Mouiller le riz avec le reste de l'eau en prenant garde que la poêle ne déborde pas. Laisser le riz cuire à feu moyen et absorber l'eau (environ 25 minutes). À 15 minutes de la fin de la cuisson, verser les haricots verts sur le riz et planter les moules tête en bas de part en part. Elles vont ainsi cuire et s'ouvrir à la fin de la cuisson. Ajouter les rondelles de chorizo. La cuisson est terminée lorsque le riz est cuit, l'eau absorbée, mais le plat reste encore un peu humide.

Ôter la poêle du feu et recouvrir 10 minutes (avec du papier d'aluminium) pour que le riz termine d'absorber l'eau à couvert. Pendant ce temps, couper les citrons pour en décorer le plat. Servir. Il est possible que le riz attache au fond de la paella. C'est le signe que la paella est à point !

GASPACHO MANCHEGO

Le gaspacho manchego est un ragoût de viande qui n'a rien à voir avec le potage du même nom. C'est le plat idéal pour un chasseur ou toute personne souhaitant vider les viandes de son congélateur. Si, à l'origine, il se réalise avec les produits de la chasse et célèbre la fin de la saison, on peut appliquer sa recette avec toute viande blanche. La sauce unique et le pain azyme rendent cette recette incontournable !

12 pers. (à table)
Prép. : 1 h
Cuisson : 1 h 45

Ingrédients
galettes de pain azyme
500 g de farine
1 cuil. à café de sel
30 cl d'eau chaude avec 2 cuil. à soupe d'huile d'olive
base de la recette
1 kg d'échine de porc
2 kg d'oignons
1 kg de tomates mûres ou 2 boîtes de tomates pelées
6 gousses d'ail
huile d'olive
eau
sel, poivre du moulin
1 bouquet de persil
2 feuilles de laurier
1 branche de thym
noix de muscade
1 bouillon cube de poule
spigol
produits selon disponibilité :
1 pigeon
1 canard
1 faisan
2 perdreaux
3 cailles
½ lièvre ou 1 lapin...
Peut se compléter par pintade, poulet, lapin...

Préparer les galettes, même la veille. Mélanger la farine, le sel, l'eau. Pétrir légèrement. Étaler la pâte pour former 3 à 6 grandes galettes. Cuire au four 15 minutes à 220 °C. Les réserver.

Dans une grande poêle (paella à bord haut), faire revenir les viandes coupées en morceaux. Les retirer. Faire revenir longuement les oignons émincés. Ajouter les tomates pelées, épépinées et coupées en morceaux. Laisser mijoter 5 minutes. Piler l'ail et le persil. Les ajouter à la sauce. Verser 3 l d'eau, le bouillon cube, le spigol et toute la viande. Saler, poivrer et laisser cuire 50 minutes. Ajouter les galettes préalablement coupées en tout petits morceaux. Laisser cuire 20 minutes environ jusqu'à ce que les galettes soient moelleuses. Surveiller l'eau pendant toute la durée de la cuisson.

Tips : Ce plat permet de rentabiliser la location d'une poêle à paella et de vider les viandes de son congélateur. Une recette de viandard, qui appelle une bonne salade verte ou composée pour équilibrer.

DAHL DE LENTILLES CORAIL

C'est l'élève au premier rang qui collectionne les bons points. Le dahl n'a que des qualités et fait tout mieux que les autres. Végétarien mais riche en apports nutritifs, il plaît même à votre organisme. Des ingrédients et une recette simplissime lui donnent, grâce aux épices, un goût riche et exotique qui ravira même les viandards les plus bougons. Il se cuisine aussi facilement dans une casserole pour 2 que sur une poêle à paella pour 25. Enfin, il ne coûte rien et cuit rapidement, ça en est énervant !

10 pers. (à table)
Prép. : 10 min
Cuisson : 30 min

Ingrédients
500 g de lentilles corail
3 oignons jaunes
3 gousses d'ail
3 cm de gingembre frais
75 cl de lait de coco
75 cl de bouillon de légumes
1 pointe de piment de Cayenne
2 cuil. à café de cumin moulu
2 cuil. à café de coriandre moulue
2 cuil. à café de graines de moutarde
3 cuil. à café de curcuma en poudre
2 citrons jaunes
½ botte d'origan
½ botte de coriandre

Rincer et égoutter les lentilles. Ciseler les oignons. Presser l'ail et le gingembre. Faire revenir les oignons, l'ail, le gingembre et les épices dans une sauteuse avec de l'huile d'olive. Laisser cuire, puis ajouter les lentilles, le lait de coco, le bouillon. Bien laisser mijoter 20 minutes en remuant. À la fin de la cuisson, ajouter le jus de citron. Mélanger et servir avec du riz, p.42 et du yaourt grec. Proposer les herbes ciselées en libre-service.

le menu s'écrit tout seul : La facilité et la rapidité de la recette en font une garniture parfaite pour des samoussas, p.115, qui n'auront pas besoin d'épices supplémentaires.
variante patate douce : Remplacer les lentilles corail par un mélange de 35 g de lentilles corail par personne + 75 g de patate douce par personne. Couper les patates douces en cubes et les ajouter en même temps que les lentilles.

CHILI CON / SIN CARNE

Encore un plat qui se cuisine et mijote directement dans la grande poêle. Le chili a également pour intérêt de pouvoir être tenu au chaud et n'oblige pas à manger tous ensemble, plutôt pratique pour des arrivées différées ou pour des événements associatifs/caritatifs. Dans ces cas-là, allez-y doucement sur les épices.

12 pers. (à table)
Prép. : 20 min
Cuisson : 1 h 30
Repos : 12 h
(si haricots secs)

Ingrédients
2 kg de bœuf haché ou du tempeh (découpé en petits morceaux)
1 kg de haricots rouges secs ou en boîte
6 oignons
6 gousses d'ail
3 poivrons rouges
1 piment oiseau
3 kg de tomates pelées en boîte
2 cuil. à café de cumin en poudre
2 cuil. à café d'origan en poudre
huile d'olive
sel fin
eau

Si les haricots sont secs, les mettre à tremper dans de l'eau froide pendant 12 heures.
Les mettre dans le fond de la grande poêle à paella. Couvrir d'un gros volume d'eau froide et cuire pendant 1 heure minimum, rajouter de l'eau si besoin. Quand ils sont cuits, débarrasser les haricots et les réserver. Si les haricots sont cuits, passer cette étape.

Ciseler les oignons et presser l'ail. Couper le poivron en cubes en enlevant la partie blanche centrale et les pépins. Ouvrir le piment oiseau et retirer les pépins, puis le hacher. Faire chauffer la poêle à paella avec de l'huile d'olive, ajouter l'oignon, l'ail, le poivron et le piment. Les faire suer en remuant et saler. Ajouter et cuire la viande hachée. Ajouter les haricots, les tomates et les épices et mélanger. Cuire à feu doux pendant 30 minutes en ajoutant de l'eau si besoin.

le petit + : Ne pas saler les haricots en début de cuisson : le sel empêcherait leur cuisson en conservant la peau dure.
le menu s'écrit tout seul : Parfait avec des maïs grillés, p.136.
variante végane : Remplacer la viande par du tempeh (un produit à base de soja fermenté que vous trouverez en magasin bio).

À LA BROCHE

Si cette page vous intéresse, c'est que vous recevez du monde en été et qu'une furieuse envie de festoyer vous anime. La recette d'une bête à la broche est extrêmement simple puisqu'il s'agit de faire rôtir la viande au feu de bois, mais c'est tout le reste qui va vous occuper. En effet, la location de la rôtissoire, le bois, la glacière et l'équipement pour ficeler la bête, tout cela va vous demander une certaine logistique et de l'organisation. Prenez donc cette main tendue vers un cochon de lait réussi !

très nombreux / festif / convivial / location de matériel / autorisation du lieu / saisonnier / prend toute la journée

cochon de lait ou agneau à la broche

30 pers. (en buffet)
Prép. : 2 h
Cuisson : 4 h

Matériel
glacière
rôtissoire
ficelles
épingle de boucher
fil de boucher
fil de fer galvanisé
tenailles
rallonge électrique
barres acier inoxydable longueur 1 m (facultatif)
table d'appoint
toile cirée
papier d'aluminium
bacs gastro ou grands récipients
tisonnier
grande planche à découper
charbon et bûches
maniques

Ingrédients
1 cochon de lait ou 1 agneau de 15 kg
2 l d'huile d'olive
1 branche de romarin
1 branche de thym
gros sel
poivre

Ici la recette commence des jours en avance : il vous faudra réserver la rôtissoire tout comme l'animal. Pour information, le poids d'un cochon de lait varie de 7 à 20 kilos. Précisez bien le poids que vous voulez au moment de le réserver et sélectionnez une rôtissoire adaptée. Être sur ou sous-équipé peut être très handicapant. Récupérez le cochon/agneau le plus tard possible pour ne pas encombrer vos frigos, mais pas le jour même pour ne pas vous rajouter cette étape. S'il ne tient pas dans votre frigo, prévoir une grande glacière de type glacière de pêche (très utile pour un trajet).

Installer l'emplacement, vérifier le bon fonctionnement électrique et du moteur. Installer également une table d'appoint qui va vous permettre de travailler sereinement, y déposer une toile cirée propre et si possible une grande planche à découper. Ficeler les branches de laurier et de romarin ensemble afin de constituer un pinceau d'aromate. Il sera trempé toutes les 30 minutes dans l'huile d'olive versée dans le seau pour hydrater le cochon. Lancer les braises à l'aide de charbon et prévoir à proximité le stock de bûches pour approvisionner le feu. Une fois que tout est en place et fonctionne, sortir la bête du frigo ou de la glacière.

Huiler la barre de la broche pour faciliter le glissement. Installer la première fourchette (celle au plus près du moteur) puis l'animal et enfin la deuxième fourchette. Positionner l'animal afin qu'il soit bien centré par rapport à la zone de cuisson. Anticiper la longueur de la fixation qui entre dans l'entre-axe du moteur. Une fois que le cochon/agneau est bien positionné, serrez définitivement les fourchettes, qui doivent percer la peau de l'animal et entrer profondément. À l'aide de fil de fer galvanisé, sécuriser l'accroche autour du cou, des pattes avant et arrière. Ficeler également avec le fil de fer autour des côtes par un motif en losange. De cette manière la cage thoracique ne va pas ballotter à chaque retournement, ce qui risquerait de casser la colonne vertébrale. Pour les gros animaux ou les animaux farcis, on conseille de rajouter deux barres d'acier inoxydable de chaque côté afin de renforcer la rigidité. Frotter l'intérieur du cochon/agneau avec un mélange de gros sel et poivre. Farcir l'animal (facultatif) et le recoudre.

Si la machine le permet, installer l'animal en début de cuisson assez loin du foyer. Huiler une première fois la peau à l'aide du pinceau d'aromates et lancer le moteur.

Cuire de cette manière environ 30 minutes puis rapprocher du feu. Approvisionner le feu régulièrement en répartissant la braise à l'aide d'un tisonnier en veillant à ne pas avoir de gros écarts de chauffe. Si possible, positionner des grands récipients sous l'animal et ainsi récupérer les gras de cuisson. Malheureusement la proximité des cendres rendra ce jus inexploitable, mais ils faciliteront le nettoyage. Cuire pendant environ 4 heures en hydratant la viande à l'aide du pinceau toutes les 30 minutes. Essayer de positionner les braises les plus fortes au niveau des épaules et cuisses, parties les plus charnues qui demandent le plus de temps de cuisson. À l'inverse vous pourrez protéger les parties les plus sensibles comme les oreilles et la queue par du papier aluminium.

En fin de cuisson, le dos de l'animal commence à craquer. Préparer alors tous les éléments nécessaires à la découpe : torchons, maniques, tenailles, planches à découper et couteaux. Arrêter le moteur, laisser mourir le feu tranquillement, mais ne pas tenter de l'éteindre à l'aide d'eau au risque d'envoyer de la cendre sur la viande. À l'aide de pinces et de maniques, sortir à deux personnes la broche de l'entre-axe du moteur et positionner l'animal toujours embroché sur la table d'appoint. Couper les fils à la tenaille. Si possible, retirer les fourchettes de l'animal, sinon commencer la découpe de l'animal tel quel. À plusieurs, commencer la découpe en morceaux. Deux personnes, l'une à la tête et l'autre à la queue de l'animal, « libèrent » les gros morceaux : épaules, gigots, côtes, etc. Ils les donnent à une autre équipe qui détaille ces morceaux en parts équitables dans des plats qui, une fois remplis, sont tenus au chaud sous aluminium (four, chauffe-plats, proximité du foyer, etc.). Présenter avec une salade de saison, p.88-93, un pain marocain, p.138, et la sauce de votre choix, p.190-191.

Ingrédients farce légumes semoule
(facultatif)
4 poivrons
4 courgettes
6 tomates
4 oignons
4 citrons
2 kg de semoule de blé grain fin

farce : Vous pouvez garnir l'animal de légumes découpés avec de la semoule. Celle-ci va s'imbiber du gras de l'animal et des jus de légumes. À la découpe, récupérez cette semoule et hydratez-la au besoin avec une eau chaude pour finir de la faire gonfler. Cette garniture a le mérite de proposer un accompagnement bonus qui cuit en même temps que la viande. Attention toutefois, il a tendance à rajouter du poids et peut participer au déséquilibre de la bête.

Conseil : Au vu des temps de cuisson, de préparation et de découpe, cette recette est à privilégier lors d'une soirée de fin de printemps ou début d'été, là ou les journées sont longues et où l'on peut voir ce qu'il y a dans notre assiette.
le menu s'écrit tout seul : Utiliser les restes comme garniture des bánh-mi, p.152, ou pour un hachis, p.120, à congeler.

tuto en broche

1. PRÉPARER LE SET-UP ET LES OUTILS
Préparer les lieux, le matériel et tester le moteur.

2. POSITIONNER
Huiler la barre, intaller la fourchette 1, en anticipant le décalage dans la fixation du moteur (lancer les braises).

3. FIXER
Installer la bête, fixer sommairement la fourchette 2.
Installer sur moteur et fixer définitivement la fourchette 2.

4. CONSOLIDER
Rajouter des barres sur les côtés et ficeler avec du fil de fer en quadrillage (ajouter des bûches au feu).

5. LANCER
Huiler la bête, protéger les parties sensibles, lancer le moteur, au début tenir l'animal le plus éloigné possible des braises.

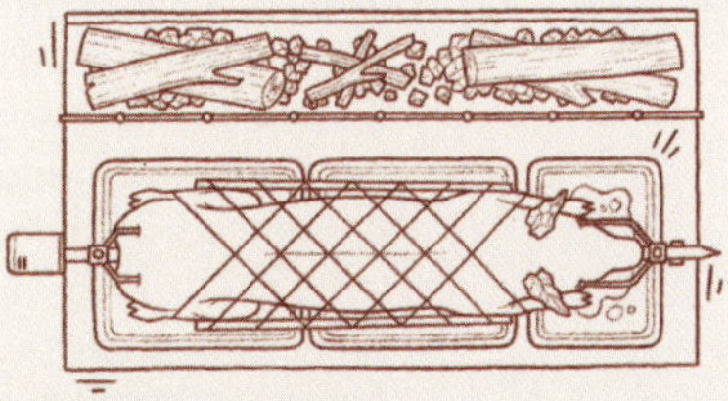

6. ENTRETENIR
Rajouter des bûches régulièrement, répartir les braises en tenant compte des morceaux plus épais.

7. SORTIR
Arrêter le moteur. Positionner la bête avec sa broche sur la table de découpe. Couper les fils et enlever les fourchettes.

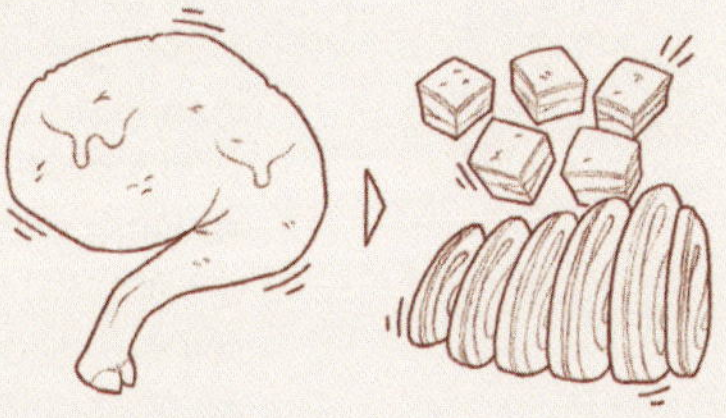

8. DÉCOUPE
Une équipe pour dégager des gros morceaux. Une seconde équipe pour détailler ces gros morceaux.

EL CORDERO A LA CRUZ

Asado est un traiteur argentin installé à Bordeaux, il nous dévoile ici sa recette des « cruz » qui offre une alternative aux cochons à la broche : pas besoin de moteur, une âme de bricoleur suffira pour confectionner une croix d'acier.

30 pers. (buffet)
Prép. : 2 h
Cuisson : 4 h

Ingrédients
1 cochon de lait ou
1 agneau de 15 kg

Recette de la salmuera :
1 l d'eau
100 g de gros sel
5 gousses d'ail écrasées
5 feuilles de laurier
5 brins de romarin

L'agneau argentin « à la cruz » est l'une des spécialités culinaires les plus remarquables du pays. Cette version de l'agneau se distingue par son goût fumé et sa texture tendre.

C'est une technique traditionnelle de cuisson lente remontant aux *gauchos* de la région. Une des façons les plus populaires de préparer l'agneau, c'est sur une broche en forme de croix (d'où le nom : *cordero a la cruz*). Il s'agit de suspendre au-dessus du feu l'agneau coupé en crapaudine, à l'aide de cette structure métallique. On attache la bête au piquet grâce à des fils de fer. Cette étape permet de maintenir l'agneau de manière ferme et uniforme au-dessus du feu de bois (idéalement dans un braséro).

Le temps de cuisson est un autre élément fondamental. Une cuisson lente et constante est essentielle pour obtenir une viande tendre et juteuse. Il faut compter 3 à 4 heures de cuisson minimum. Cela peut aller jusqu'à 8 h de cuisson, selon le poids de l'agneau et l'intensité du feu. Les premières heures sont dédiées à la partie intérieure de la carcasse. Puis, pour finir, l'agneau doit être retourné sur le piquet pour dorer la partie extérieure, la peau.

Le bois de chauffage est un autre élément clé de ce processus, car il confère à l'agneau ce goût fumé et aromatique si caractéristique. Il est conseillé d'utiliser du bois de certaines espèces telles que l'acacia, le calafate ou le noisetier, qui ont une haute densité et un fort pouvoir calorifique, idéaux pour une cuisson lente et uniforme. Il est courant d'arroser très régulièrement l'agneau entier pendant la cuisson. C'est une préparation liquide, appelée *salmuera*. Son rôle est d'hydrater la viande pour un rendu final juteux et éviter une viande sèche après ces nombreuses heures de cuisson. Chacun possède sa recette, mais très souvent elle contient un mélange de gros sel, d'ail, de romarin et de laurier.

En conclusion, la préparation de l'agneau « à la cruz » exige une combinaison précise de matériaux, de techniques et de patience pour obtenir un plat au goût et à la texture uniques.

ASADO

8
6
2
5
10

LES DESSERTS
SAUCES ET BOISSONS
9
11
3
7
1
4

LES DESSERTS

S'ils ne sont plus indispensables, une note sucrée permet de clôturer en beauté le repas. Après un buffet copieux, fruits et/ou glaces sont les bienvenus. En revanche, les gâteaux et autres panna cottas vont finir de rassasier les appétits les plus féroces. Pancakes, fruits et crumbles trouveront leur place sur un brunch et les marshmallows et autres ananas rôtis seront très pratiques pour clôturer un BBQ/une plancha.

mousse au chocolat

10 pers. (buffet)
Prép. : 10 min
Repos : 2 h

1 p.178-179

8 œufs, 250 g de chocolat noir, 2,5 sachets de sucre vanillé ou 1 pincée de sel

Séparer les blancs des jaunes d'œufs. Faire ramollir le chocolat dans une casserole au bain-marie. Fouetter les jaunes et le sucre et les incorporer au chocolat (hors du feu). Battre les blancs en neige ferme. Ajouter délicatement les blancs au mélange à l'aide d'une spatule. Verser dans une terrine ou des verrines. Mettre au frais 2 heures minimum.

brownie

10 pers. (buffet)
Prép. : 10 min
Cuisson : 25 min
Repos : 10 min
Matériel
moule carré 20 x 20 cm

2 p.178-179

60 g de cacao en poudre (style Van Houten), 50 g de sucre brun, 165 g de sucre en poudre, ½ cuil. à café de sel, 115 g de beurre doux, 75 g d'œufs, 20 g de jaune d'œuf (1 pièce), 7 g d'extrait de vanille, 60 g de farine, 140 g de chocolat noir concassé ou en pépites

Préchauffer le four à 180 °C. Couvrir le moule avec du papier sulfurisé. Placer les œufs entiers dans un bol d'eau chaude du robinet jusqu'à ce qu'ils soient légèrement chauds au toucher, changer l'eau plusieurs fois si nécessaire. Placer la poudre de cacao, le sucre brun et le sel dans un bol. Réaliser un beurre noisette. Verser le beurre sur le cacao et mélanger jusqu'à l'obtention d'une pâte homogène. Laisser refroidir à température ambiante 5 à 10 minutes. Mélanger les œufs entiers et le jaune d'œuf avec le sucre en poudre et battre à l'aide d'un fouet jusqu'à ce que le sucre soit complètement dissous et sans grumeau. Une fois la pâte de cacao à température ambiante, ajouter l'extrait de vanille, puis verser le tout dans le mélange d'œufs. Mélanger jusqu'à homogénéité. Rajouter la farine à l'aide d'une spatule. Le mélange sera très épais. Verser deux tiers de la pâte dans le moule, recouvrir avec les pépites de chocolat. Verser le restant de pâte. Cuire pendant environ 20-25 minutes ou jusqu'à ce que le cœur du brownie atteigne 93 °C. Laisser refroidir complètement avant de démouler et de couper en parts individuelles.

gâteau au chocolat

10 pers.
Prép. : 20 min
Cuisson : 25-30 min

3 p.178-179

250 g de chocolat, 250 g de beurre pommade, 250 g de sucre, 70 g de farine, 4 œufs, 1 pincée de fleur de sel

Préchauffer le four à 200 °C. Faire fondre le chocolat au bain-marie. Ajouter le beurre pommade lorsque le chocolat est fondu. Débarrasser dans un grand saladier. Ajouter le sucre et la fleur de sel. Mélanger à l'aide d'un fouet. Ajouter la farine, mélanger. Battre les œufs en omelette dans un cul-de-poule et les ajouter au saladier. Bien mélanger à l'aide du fouet. Disposer du papier cuisson dans un plat à gâteau. Enfourner en baissant immédiatement la température du four à 150 °C. Cuire pendant 25-30 minutes.

tiramisu

10 pers.
Prép. : 20 min
Cuisson : 5 min
Repos : 1 nuit
Matériel
grand plat rectangulaire
râpe

4 p.178-179

500 g de mascarpone, 6 œufs, 100 g de sucre (blanc ou roux), 2 verres de café fort, 2 cuil. à café d'amaretto (facultatif), 4 paquets de boudoirs (environ 60 biscuits), cacao en poudre (ou du chocolat râpé), sel

Séparer les jaunes (dans un grand saladier) des blancs (dans un petit saladier). Au fouet, mélanger d'abord les jaunes avec le sucre jusqu'à ce que le mélange blanchisse, puis continuer de battre avec le mascarpone. Faire monter les blancs en neige avec une pincée de sel. Avec une maryse, incorporer délicatement les blancs au mélange. Tremper rapidement les biscuits dans le café mélangé à l'amaretto (facultatif). Dans un grand plat rectangulaire, alterner une couche de biscuits et une couche de crème. Répéter l'opération une deuxième fois. Filmer et placer le plus longtemps possible au frigo (la veille c'est bien). Au dernier moment, saupoudrer de cacao ou chocolat ou râper un peu de chocolat avec une râpe.

panna cotta

10 pers.
Prép. : 20 min
Cuisson : 5 min
Repos : 6 h

5 p.178-179

1,5 gousse de vanille ou extrait de vanille, 3,5 feuilles de gélatine, 83,5 g de sucre, 83,5 cl de crème fraîche liquide, fruits au choix

Faire ramollir les feuilles de gélatine dans de l'eau froide. Mettre la crème, le sucre et la vanille dans une casserole et faire frémir. Dès le début de l'ébullition, retirer la casserole du feu et ajouter la gélatine égouttée. Bien remuer et verser dans des coupelles. Laisser refroidir puis placer quelques heures au réfrigérateur pour faire prendre. Ajouter un tartare ou une compotée de fruits.

glace

1 pers. (buffet)
Prép. : 2 min

6 p.178-179

glace vanille, glace chocolat, cacahuètes apéro grillées salées, huile d'olive, fleur de sel

Mettre 1 boule de glace vanille ou chocolat dans un ramequin. Ajouter des cacahuètes pilées, un gros trait d'huile d'olive et de la fleur de sel.

crumble

10 pers.
Prép. : 20 min
Cuisson : 45 min
7 p.178-179

8 pommes Golden (1,5 kg), 225 g de farine, 180 g de cassonade + 1 cuil. à soupe, 180 g de beurre, 5 g de vanille en poudre, 1 pincée de fleur de sel

Peler et enlever le trognon des pommes, les couper en quartiers. Dans un saladier, mélanger la farine au sucre, puis ajouter le beurre en dés et le sel. Malaxer le tout avec les doigts pour obtenir une pâte sableuse. Disposer les pommes tranchées mélangées à la vanille en poudre, saupoudrer de 1 cuillerée à soupe de cassonade. Disposer la pâte sur les pommes. Enfourner le plat à 120 °C pendant 45 minutes. Sortir et déguster avec 1 boule de glace.

pancakes

10 pers. (buffet)
Prép. : 10 min
Repos : 10 min
Cuisson : 25 min
8 p.178-179

300 g de farine, 50 g de sucre, 3 œufs, 40 g de beurre, 30 cl de lait, ½ sachet de levure chimique, 1 gousse de vanille ou 1 sachet de sucre vanillé, 1 pincée de sel

Dans un grand bol, mélanger l'ensemble des ingrédients secs : la farine, le sucre, le sucre vanillé ou les grains de la gousse de vanille (fendue en deux et récupérés grâce à un couteau), la pincée de sel et la levure. Séparer les jaunes des blancs d'œufs. Battre les blancs en neige. Faire fondre le beurre au bain-marie ou au micro-ondes à puissance faible. Creuser un puits dans la préparation pour incorporer les jaunes d'œufs, le beurre fondu et la moitié du lait. Bien mélanger pour éviter la formation de grumeaux, en incorporant petit à petit le reste de lait. Incorporer ensuite les blancs en neige. On obtient une pâte à pancakes bien lisse, épaisse et homogène. Laisser reposer 10 minutes. Graisser la plaque de la crêpière et verser une petite louche de pâte sans l'étaler. Dès que des bulles se forment à la surface du pancake, il est temps de le retourner.

cake citron myrtille pavot

15 pers. (buffet)
Prép. : 15 min
Cuisson : 50 min
Repos : 10 min

180 g de farine, 1 sachet de levure, 2 g de sel, 120 g de beurre, 150 g de sucre roux, 2 gros œufs, 1 cuil. à café d'extrait de vanille, le zeste de 1 citron, 12 cl de lait, 250 g de myrtilles

Glaçage : 2 cuil. à soupe de yaourt grec, 4 cuil. à soupe de sucre glace, zeste et jus de 1 citron, graines de pavot

Préchauffer le four à 175 °C. Beurrer un moule à cake. Dans un grand bol, mélanger la farine, la levure et le sel. Réserver. Avec un batteur, mixer le beurre jusqu'à ce qu'il devienne crémeux. Ajouter le sucre au fur et à mesure et mixer jusqu'à obtenir une consistance légère et aérienne (environ 5-10 minutes). Ajouter les œufs un à un, en mélangeant bien à chaque ajout. Incorporer l'extrait de vanille et le zeste de citron. Incorporer la mixture de farine en plusieurs fois. Ajouter le lait en deux fois. Mixer le tout. Incorporer délicatement les myrtilles avec une spatule. Verser le tout dans le moule. Mettre au four pendant 50 minutes jusqu'à ce que le dessus soit doré. Tester si la cuisson est parfaite en insérant un couteau. Pendant que le gâteau cuit, préparer le glaçage. Mélanger le yaourt grec, le jus de citron et le sucre glace. Laisser refroidir pendant 10 minutes. Verser le glaçage par-dessus parsemé de graines de pavot et de zestes de citron. Servir et déguster.

salade de fruits

10 pers.
Prép. : 20 min
Cuisson : 5 min
Repos : 12 h

9 p.178-179

fruits de saison : kiwi, clémentine, banane, ananas, pomme
sirop : 1 citron non traité, ½ cuil. à café de gingembre séché moulu, 1 poignée de verveine séchée (5 g), 90 g de sucre

Rincer le citron, bien nettoyer son écorce et le couper en rondelles. Mettre les rondelles dans une casserole et ajouter le gingembre, la verveine, le sucre et 20 cl d'eau. Porter à ébullition et retirer du feu. Laisser infuser 10 minutes. Pendant ce temps, nettoyer, éplucher et couper les fruits en dés, les mettre dans un saladier. Filtrer le sirop. Verser le sirop sur les fruits et réserver au frais 6 h au moins avant de servir, idéalement une nuit entière pour laisser le parfum se diffuser au maximum.

salade d'oranges

8 pers.
Prép. : 20 min
Cuisson : 5 min
Repos : 4 h

10 p.178-179

6 oranges, 1 étoile de badiane, 2 clous de girofle, 1 gousse de vanille, 1 bâton de cannelle (à défaut, de la poudre), 100 g de sucre, 33 cl d'eau

Peler les oranges à vif, les couper en tranches fines. Dans une casserole, porter l'eau à ébullition, mettre le sucre et les épices et laisser frémir pendant 3 minutes. Verser le sirop brûlant sur les oranges. Laisser refroidir, déguster frais.

ananas rôti

8 pers.
Prép. : 20 min
Cuisson : 15 min

1 ananas, 20 g de beurre, 1 gousse de vanille, 2 cuil. à soupe rases de miel, 2 cuil. à soupe de rhum, pistaches et noix de pécan (facultatif)

Éplucher l'ananas, ôter les yeux. Enlever le cœur fibreux et le couper en tranches de 1 cm d'épaisseur. Fendre la gousse de vanille en deux et récupérer les graines. Faire fondre le beurre dans une poêle et y faire colorer les tranches d'ananas des deux côtés. Ajouter ensuite le miel, la vanille et laisser revenir 5 minutes. Ajouter le rhum, éteindre la hotte et flamber. Laisser cuire 2 à 3 minutes supplémentaires. Enlever les ananas de la poêle et laisser réduire la sauce jusqu'à ce qu'elle ait une consistance sirupeuse. Quand la consistance voulue est atteinte, verser la sauce sur les tranches d'ananas. Réserver, laisser légèrement tiédir et servir.
Si vous aimez, vous pouvez saupoudrer quelques pistaches ou quelques noix de pécan concassées sur les tranches d'ananas rôti.

marshmallows

1 pers. (buffet)
Cuisson : 5 min
Matériel
barbecue ou chalumeau

11 p.178-179

Marshmallows & piques à brochettes

Réaliser des brochettes de marshmallows et les griller au-dessus des flammes du BBQ. En l'absence de BBQ, prendre un chalumeau.

gâteau nantais

8 pers.
Prép. : 15 min
Cuisson : 40 min

300 g de sucre en poudre, 250 g de beurre demi-sel, 200 g d'amandes en poudre, 80 g de farine, 6 œufs, 12 cl de rhum brun, 100 g de sucre glace

Fouetter le beurre pommade avec le sucre. Ajouter les amandes. Incorporer les œufs un par un. Mélanger jusqu'à ce que le sucre soit fondu. Ajouter à la spatule – sans trop mélanger – : la farine tamisée et 2 cl de rhum. Beurrer largement le moule à gâteau. Verser la préparation dans le moule et cuire à 180 °C pendant 40 min. Démouler et retourner le gâteau. Arroser immédiatement avec 4 cl de rhum. Une fois refroidi, mélanger 4 cl de rhum avec le sucre glace et napper avec ce glaçage à la spatule.

Tips : Comme tous les gâteaux de voyage, un gâteau résistant aux chocs qui peut être réalisé plusieurs jours en avance.

marbré

8 pers.
Prép. : 10 min
Cuisson : 35 min

7 œufs, 180 g de farine, 180 g de beurre, 180 g de sucre, 180 g de chocolat noir, 2 sachets de sucre vanillé, 2 sachets de levure chimique

Préchauffer le four à 180 °C. Séparer les blancs des jaunes de 6 œufs. Battre les jaunes avec le sucre. Ajouter l'œuf entier au mélange et incorporer le beurre fondu puis la farine tamisée avec la levure. Séparer la pâte dans deux récipients. Dans l'un, ajouter le sucre vanillé. Dans l'autre, le chocolat (fondu au bain-marie). Monter les blancs en neige puis les incorporer équitablement et délicatement aux deux préparations. Beurrer un moule à cake. Verser en alternant une couche de pâte blanche, une couche de pâte au chocolat et ainsi de suite. Enfourner 35 minutes, laisser refroidir.

Tips : Comme tous les gâteaux de voyage, un gâteau résistant aux chocs qui peut être réalisé plusieurs jours en avance.

banana bread

10 pers.
Prép. : 15 min
Cuisson : 1 h

140 g de beurre, 4 bananes,fleur de sel, ½ cuil. à café de bicarbonate, 3,5 cuil. à café de levure chimique, 250 g de sucre, 400 g de farine, 4 cuil. de lait, 4 œufs, 100 g de pépites ou carrés de chocolat écrasés grossièrement

Préchauffer le four à 160 °C. Mélanger la moitié de la farine avec le sucre, la levure chimique, le bicarbonate et une pincée de fleur de sel. Ajouter au mélange les bananes écrasées, le beurre et le lait. Battre doucement jusqu'à l'obtention d'une pâte homogène, puis vigoureusement pendant quelques minutes. Ajouter les œufs battus, le reste de farine et les copeaux de chocolat, mélanger. Avec du beurre, graisser le fond d'un moule à cake, et y verser la pâte. Enfourner pendant 1 heure.

Tips : Remplacer la moitié du sucre par son poids en miel ou sirop d'érable.

pocher

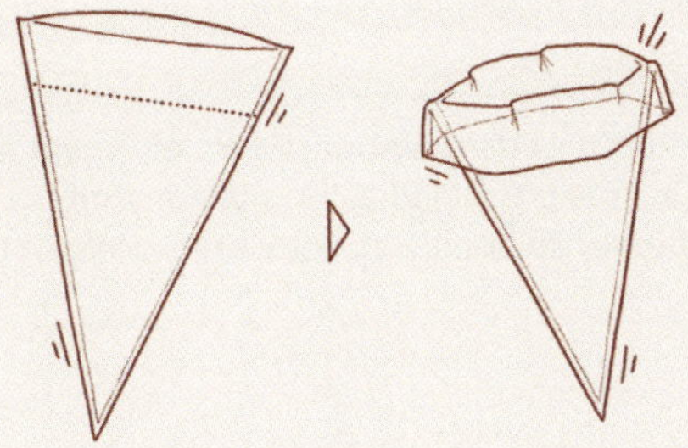

Ouvrir la poche pâtissière dans la main gauche, en repliant les trois quarts de la poche. Vous pouvez vous aider d'une grande boîte de conserve (vidée et lavée) comme de support à la poche pour libérer vos deux mains.

À la maryse remplir la poche, puis à nouveau à l'aide de la maryse (propre), pousser de l'extérieur afin que toute la préparation se concentre sur le bas de la poche. Éviter de remplir la poche à plus des trois quarts de son volume.

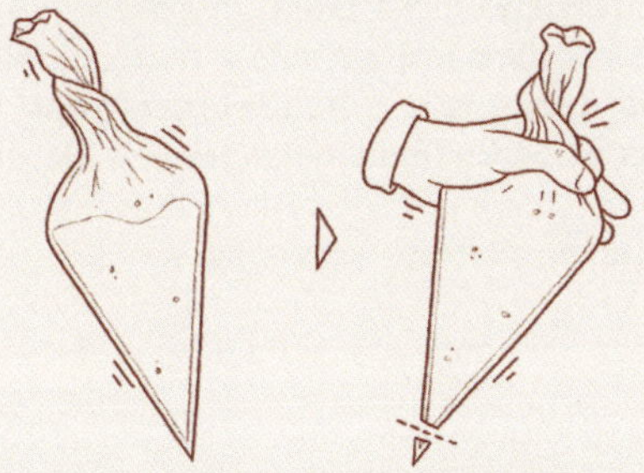

Enrouler le haut de la poche sur elle-même. Couper le bout de la poche aux ciseaux. Presser de manière homogène avec le pouce et la paume .

verrine

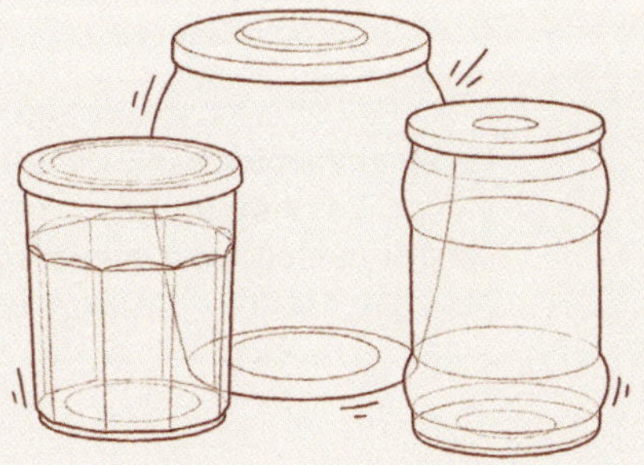

Conserver, nettoyer et recylcer les verres à moutarde, pots de confiture, etc. Garder également les capuchons.

Il vous serviront de verrines pour vos desserts : mousse au chocolat, panna cotta et même crumble à réaliser directement dedans pour des portions individuelles.

Idéal pour le transport, tout est prêt, vous prendrez soin de finaliser avec quelques toppings juste avant d'envoyer.

LES BOISSONS

Manger c'est bien beau, mais il faut s'hydrater. Pour cette question, il y a clairement deux camps. Les eaux infusées, les thés glacés et autres citronnades. Puis, à ma droite... sangria, punch, vin chaud et soupe de champagne. En bonus, on vous a mis un petit tuto pour gérer la tireuse à bière de location.

eau infusée

20 pers. (buffet)
Prép. : 10 min
Infusion : 2 h
Matériel
distributeur à eau avec robinet

fruits et herbes à disposition : 3 citrons verts, 2 concombres, ½ bouquet de citronnelle, glaçons

Couper les fruits/légumes. Hacher les herbes. Faire infuser plusieurs herbes dans le distributeur rempli d'eau plate ou gazeuse (qui perdra en pétillant) et de glaçons.

Variante abricot : 10 abricots coupés en deux, romarin
Variante pêche : 6 pêches plates, feuilles de basilic
Variante agrumes : 3 oranges, 2 citrons, menthe
Variante gingembre : 2 citrons verts, gingembre râpé, citronnelle, litchi

thé glacé

20 pers. (buffet)
Prép. : 10 min
Infusion : 2 h
Matériel
distributeur à eau avec robinet

eau, 5 sachets de thé noir, 3 cl de sirop d'agave ou de miel, citron, glaçons

Dans une casserole, faire bouillir l'eau. Quand l'eau est bien chaude, laisser infuser le thé pendant 4 minutes puis ajouter le sirop d'agave.

Astuce de chef : Vous pouvez remplacer le sirop d'agave par du miel ou du sucre roux. Versez ensuite un peu de jus de citron et laissez refroidir votre thé pendant environ 2 heures au réfrigérateur.

citronnade

20 pers. (buffet)
Prép. : 10 min
Infusion : 2 h
Matériel
distributeur à eau avec robinet

10 citrons jaunes, 5 citrons verts, 700 g de sucre, eau et glaçons

Presser les citrons. Verser l'eau plate dans le distributeur à eau, ajouter le sucre en poudre et le faire fondre dans l'eau. Lorsque le sucre est totalement dissous, ajouter le jus de citron. Bien mélanger puis ajouter les glaçons.

sangria
12 pers.
Prép. : 20 min
Cuisson : 5 min
Macération : 1 nuit

1 l de jus d'orange, 1 orange coupée en tranches fines, le jus de 1 citron, 200 g de sucre, 12 cl de cognac, 2 bouteilles de vin rouge de 75 cl, 1 pêche ou fruit de saison coupé en tranches fines, 1 pomme verte ou rouge, non pelée, épépinée et coupée en tranches fines, 2 bâtons de cannelle, glaçons

Dans une casserole, porter à ébullition le jus d'orange, les tranches d'orange, le jus de citron, le sucre et le cognac. Laisser mijoter 1 minute. Retirer du feu et laisser tiédir. Dans un grand pichet, mélanger le vin, la pêche, la pomme et les bâtons de cannelle avec le sirop à l'orange. Couvrir et laisser macérer 1 nuit au réfrigérateur. Filtrer dans un tamis placé au-dessus d'une grande tasse à mesurer ou d'un pichet. Au moment de servir, ajouter des fruits frais (facultatif) et des glaçons.

vin chaud
12 pers.
Prép. : 15 minutes
Cuisson : 5 min
Infusion : 30 min

3 l de vin rouge, 350 g de cassonade, zestes d'agrumes, 1 bâton de cannelle, 1 étoile de badiane, 1 clou de girofle, 1 petit morceau de gingembre,1 pincée de muscade râpée

Râper les zestes d'agrumes. Verser le vin dans une casserole et ajouter les zestes, le sucre et les épices. Porter à ébullition, couper le feu et couvrir. Laisser infuser 30 minutes puis réchauffer. Filtrer et servir avec une rondelle d'orange.

punch
15 pers.
Prép. : 10 min
Macération : 12 h

poivre du moulin, un peu de cannelle, 4 cuil. à soupe de vanille liquide, 1 gousse de vanille, 1 l de rhum blanc, 1 l de jus de banane, 1 l de jus de goyave, 1 l de jus d'ananas, 1 l de jus d'orange, le jus de 1 citron vert, 2 verres de sirop de sucre de canne

Mélanger et laisser macérer au frigo 12 heures.

cocktail champagne coing
8 pers.
Prép. : 5 min
Macération : 12 h

75 cl de champagne (ou prosecco), 1 l de nectar de coing (ou de poire), 10 cl de vodka, 1 branche de romarin, poivre

Infuser la vodka avec le romarin. Infuser le nectar de coing (ou de poire) avec du poivre. Mélanger le tout et verser dans un verre avec des glaçons. Ajouter une branche de romarin pour la déco

spritz
12 pers.
Prép. : 5 min
Macération : 12 h

2 bouteilles de prosecco, 1 bouteille d'amer italien (campari ou apérol), 25 cl d'eau gazeuse,12 rondelles d'orange, glaçons

Rafraîchir les verres piscine ou ballons en y déposant 3-4 glaçons. Découper les rondelles d'orange. Verser 12 cl de prosecco puis 6 cl d'amer italien. Finir avec un trait d'eau gazeuse.

Moscow mule
8 pers.
Prép. : 5 min
Matériel
cups ou timbales en cuivre
cuillère à mélange

32 cl de vodka, ginger beer, 1 citron vert, glaçon ou glace pilée

Remplir de glace une cup, ou à défaut n'importe quel verre. Verser 4 cl de voka, 1 cl de jus de citron vert, terminer par de la ginger beer. Remuer délicatement avec une cuillère. Décorer avec une tranche de citron vert.

gin tonic
8 pers.
Prép. : 5 min
Matériel
verres piscine
doseur
cuillère à mélange

32 cl de gin,75 cl de tonic, les zestes de 1 citron jaune, 8 tranches de concombre

Refroidir votre verre en y ajoutant des glaçons. Verser 4 cl de gin. Pencher légèrement le verre pour un mélange optimal et verser 8 cl de tonic, ajouter zestes et tranche de concombre. Remuer délicatement à la cuillère.

Variante suze tonic **:** remplacer le gin par de la suze
Variante vodka tonic **:** remplacer le gin par de la vodka

mojito
8 pers. (buffet)
Prép. : 10 min
Matériel
verres à mojito
pilon
doseur
bec verseur
cuillère à mélange

32 cl de rhum blanc, 4 citrons vert frais, 1 botte de menthe, 16 cl de sirop de canne, eau gazeuse

Disposer 7 feuilles de menthe entières au fond de chaque verre. Couper les citrons verts en dés et en déposer l'équivalent d'un demi citron au fond de chaque verre. Ajouter 2 cl de sirop de canne. Écraser délicatement avec un pilon les dés de citron, les feuilles de menthe et le sirop de canne. Ajouter 4 cl de rhum. Ajouter de la glace pilée ou des glaçons battus dans un torchon. Allonger le cocktail avec de l'eau gazeuse. Mélanger le tout à l'aide d'une cuillère ou d'un touilleur à mojito.

tequila paf
8 pers. (buffet)
Prép. : 5 min
Matériel
verres à shot

24 cl de tequila, 48 cl de tonic, sel, 2 citron verts

Dans des verres à shot, verser 3 cl de tequila puis 6 cl de tonic. Découper les citrons vert en quartiers. Verser une pincée de sel sur le dos de sa main. « Frapper » le fond du verre contre une table en obstruant l'ouverture avec la main. Boire en un *shot* et lécher immédiatement le sel puis croquer le citron vert.

Conseil : du paracétamol.

utilisation de la tireuse à bière

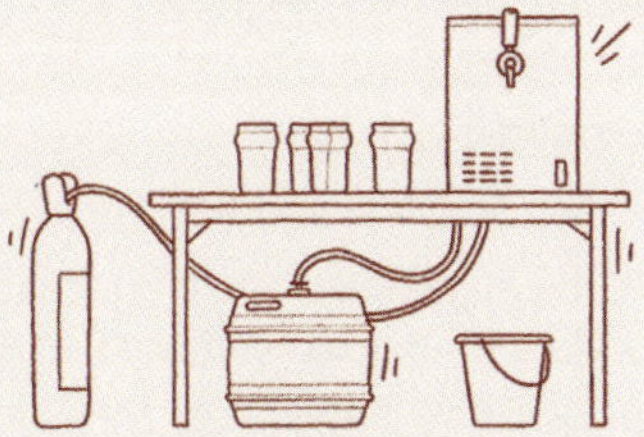

Brancher la tireuse sur une table bien stable.
Disposer un seau en dessous pour recueillir les gouttes.

Un seau d'eau, et une éponge pour les petites catastrophes.
Une pelle et une balayette pour les plus grosses...

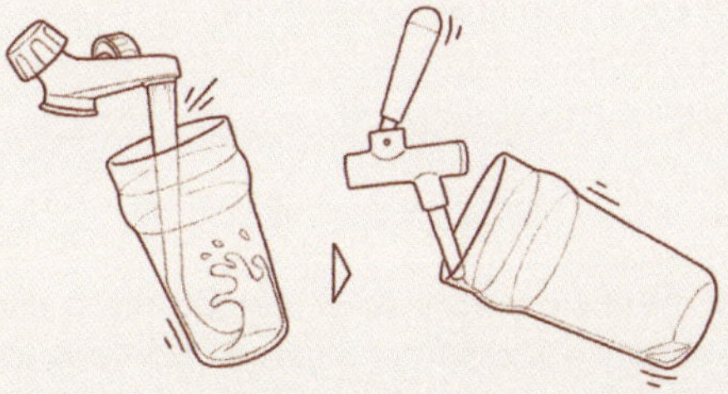

Régler le débit sur le plus lent possible pour éviter le gâchis.
Si possible, rincer à l'eau le verre avant de l'incliner.
Le bec doit presque toucher le verre.

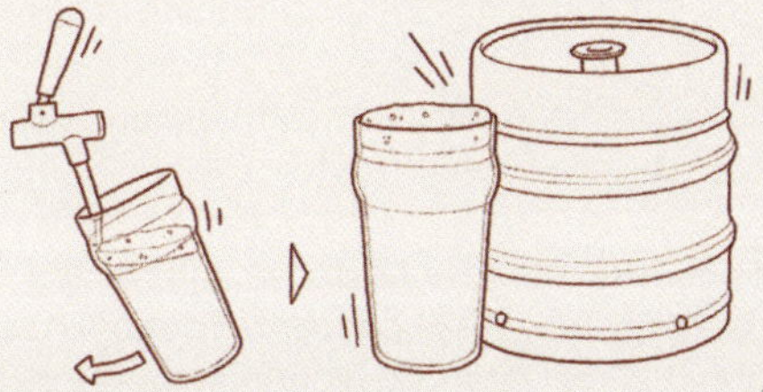

Redresser le verre progressivement.
Attention, tout fût de bière entamé est dû !

le vin

Pour un repas sans abus compter environ 3 verres par personne. Soit une bouteillle de 75 cl pour deux si c'est le seul alcool.

Si possible privilégier les grosses bouteilles qui ont plus d'avantages : un vieillissement plus subtil, une économie de verre et un souvenir à garder qui fait date.

bouteille classique 75 cl: 6 verres
magnum 1,5 l : 12 verres
jéroboam 3 l : 25 verres
réhoboam 4,5 l : 38 verres
le mathusalem 6 l : 50 verres

LES SAUCES

béchamel

60 g de beurre, 60 g de farine, 80 g de lait, sel, poivre, noix de muscade
Faire fondre le beurre dans une casserole à fond épais. Dès qu'il mousse, le saupoudrer de farine, saler, poivrer, ajouter une pointe de couteau de noix de muscade, mélanger. Verser le lait, petit à petit, en remuant avec un fouet jusqu'à ce que la sauce épaississe.

BBQ

70 cl de ketchup, 12 cl de vinaigre de cidre, 12 cl de sauce soja, 2 cuil. à soupe d'ail en semoule, 2 cuil. à soupe d'échalote en semoule, 120 g de sucre roux, 1 expresso
Faire bouillir tous les ingrédients sauf le café. Ajouter l'expresso, baisser le feu et attendre que cela brunisse pendant 1 h 30. Réserver.

North Carolina

25 cl de vinaigre de cidre, 30 cl de ketchup, 4 cuil. à café de sucre brun, 1 cuil. à soupe de sauce Worcestershire, 2 cuil. à café de sel, 1 cuil. à café de moutarde, 1 cuil. à café d'échalote en semoule, 2 cuil. à café de piment de Cayenne, 3 cuil. à café de poivre
Mélanger tous les ingrédients et cuire 15 minutes à ébullition.

mayonnaise

1 jaune d'œuf, 1 cuil. à café de moutarde, 1 pincée de sel, huile neutre, 1 trait de jus de citron, 1 pincée de poivre du moulin
Placer le jaune d'œuf dans un cul-de-poule avec le sel et la moutarde. Ajouter quelques gouttes d'huile neutre et battre. Incorporer ainsi un tiers de l'huile, quelques gouttes à la fois, pour être sûr de ne pas faire trancher le mélange. Une fois que la mayonnaise a commencé à prendre, incorporer le reste de l'huile en filet. En continuant de battre, ajouter le citron et le poivre.

base de sauce tomate

500 g de tomates pelées en boîte, 2 oignons, 2 gousses d'ail, 2 feuilles de laurier, 2 branches de thym, 2 cuil. à café de double concentré de tomates en tube, 80 g de cassonade, ⅓ de botte de basilic, huile d'olive, sel, poivre du moulin
Faire revenir les oignons émincés dans un filet d'huile d'olive. Ajouter les gousses d'ail écrasées, le thym, le laurier, le double concentré de tomates et les tomates pelées. Saler et poivrer. Laisser épaissir, ajouter le basilic ciselé et la cassonade. Mijoter encore quelques minutes.

sauce blanche

2 yaourts grecs, le jus de ½ citron pressé, 1 cuil. à café de piment de Cayenne, 1 cuil. à café de cumin, 1 cuil. à café d'ail en poudre, 1 cuil. à café d'herbes de Provence, 1 cuil. à café de poivre du moulin, 1 cuil. à café de sel, 2 cuil. à café de moutarde, persil, ciboulette, coriandre

Mélanger tous les ingrédients, ciseler les herbes et les ajouter.

chimichurri

1 tomate, 1 oignon, 4 gousses d'ail, 1 botte de persil, 20 cl d'huile d'olive, 5 cl de vinaigre de vin rouge, le jus de 1 citron jaune, 5 g de paprika, 5 g de cumin en poudre, 8 g de sel fin, 8 g de piment rouge en poudre, 2 feuilles de laurier fraîches, 10 g d'origan déshydraté, 5 cl d'eau

Ciseler finement les herbes, l'ail, l'oignon et la tomate, mélanger. Ajouter les autres ingrédients et mélanger.

pico de gallo

8 tomates, 2 oignons blancs, ½ botte de coriandre, 1 piment jalapeño, 1 citron vert, sel, poivre du moulin

Laver les tomates. Les épépiner mais ne pas les peler. Les couper en petits cubes. Éplucher les oignons et les trancher en tout petits cubes. Laver la coriandre, la ciseler finement. Fendre le piment (ou poivron) en deux, ôter les côtes blanches à l'intérieur et le couper en petits cubes (entier pour le jalapeño ou 2 cuillerées à soupe de poivron vert). Verser le jus de citron vert, saler, poivrer et mélanger.

Sauce cacahuète

200 g de beurre de cacahuètes, 4,5 cl de sauce soja, 4 cl de vinaigre de riz, ½ citron vert pour le jus, 1 belle gousse d'ail, 35 g de sucre, 10 cl d'eau

Mélanger tous les ingrédients dans une casserole. Faire chauffer en mélangeant. Ajuster l'eau en fonction de la texture désirée.
Laisser refroidir et c'est prêt. Pour tremper des rouleaux de printemps, des samoussas, des légumes crus...

Sauce yakitori

200 g de sauce soja, 200 g de mirin, 100 g de saké de cuisine, 90 g de sucre, 30 g de fécule

Mélanger tous les ingrédients (sauf la fécule) dans une casserole. Mettre sur feu moyen. Quand une mousse brune apparaît, cuire encore 5 minutes. Ajouter la fécule et continuer la cuisson à feu réduit pour épaissir la sauce. Laisser refroidir. Idéale pour napper des brochettes de poulet, un bol de riz blanc...

PLIAGES

porchetta en portefeuille (recette, p.150)

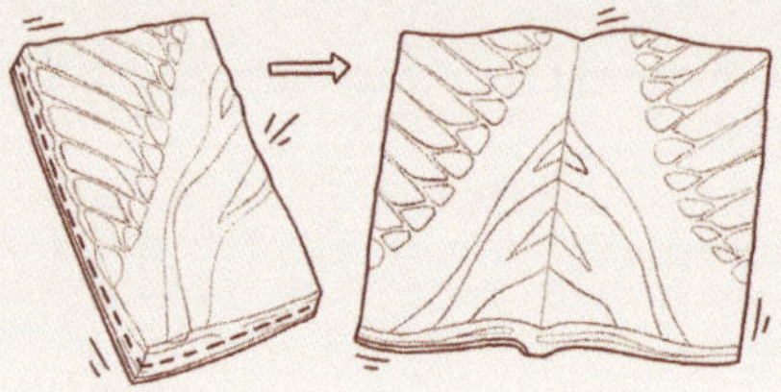

1. Pratiquer une entaille sur la hauteur sans trancher en deux complètement, afin de l'ouvrir le plus possible.

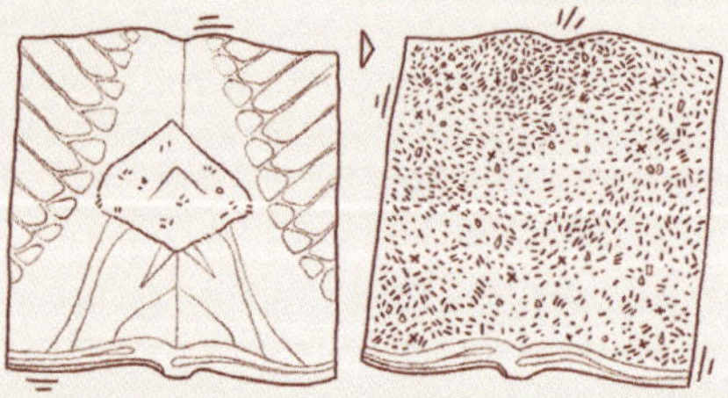

2. Farcir.

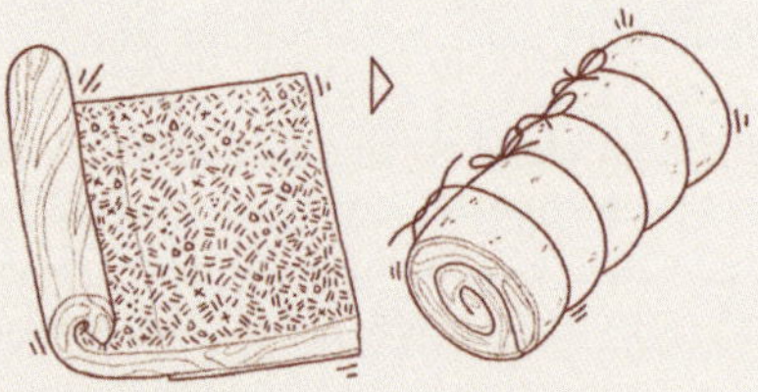

3. Replier en roulant (commencer à rouler la partie sans peau) et ficeler avec la peau sur le dessus.

roulage des wraps (recettes p.78)

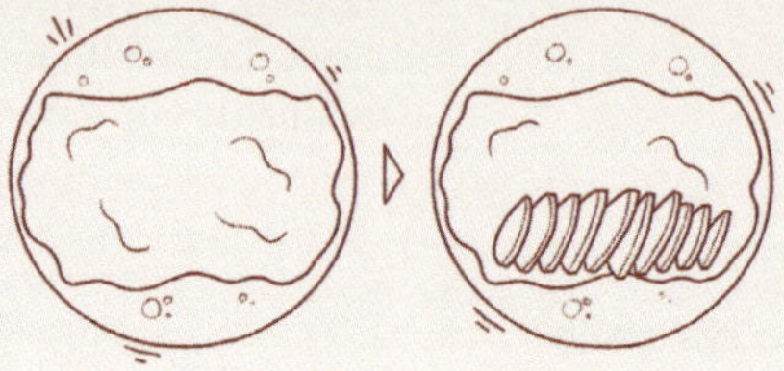

1. Remplir le wrap de garniture : d'abord la sauce, puis l'ingrédient principal et enfin les herbes et l'accompagnement laisser la sauce vierge aux extrémités.

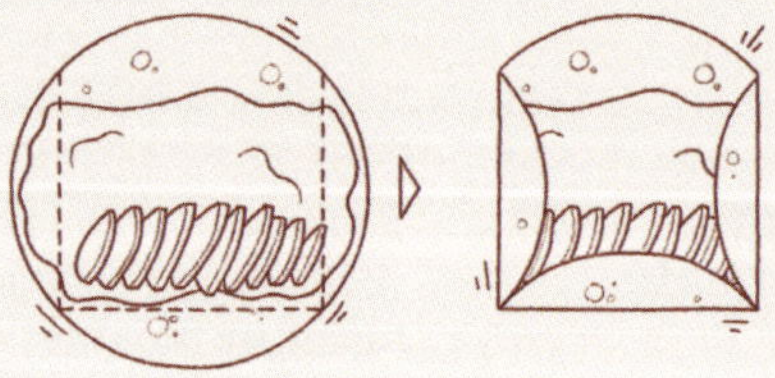

2. Replier d'abord les deux côtés latéraux.
Replier ensuite le dessous et rouler bien serré.

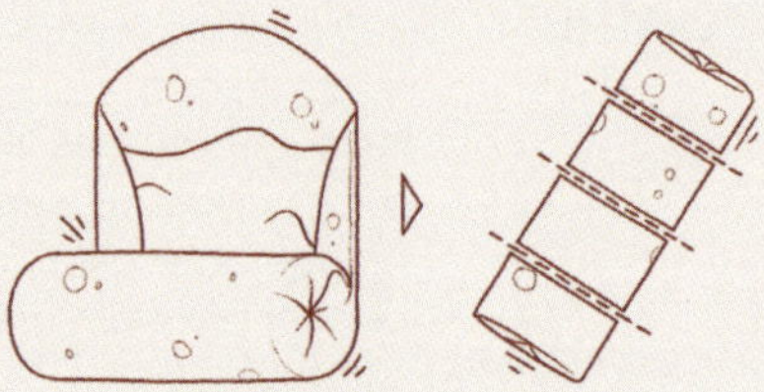

3. Découper droit ou en biseau des parts de 5 cm de long minimum. Afin de gagner de la place et d'éviter qu'ils s'abîment, les ranger debout les uns contre les autres.

NB : Les wraps se façonnent dans les dernières heures avant le coup d'envoi, sinon ils risquent de trop s'humidifier.

pliage des samoussas (recettes p.115)

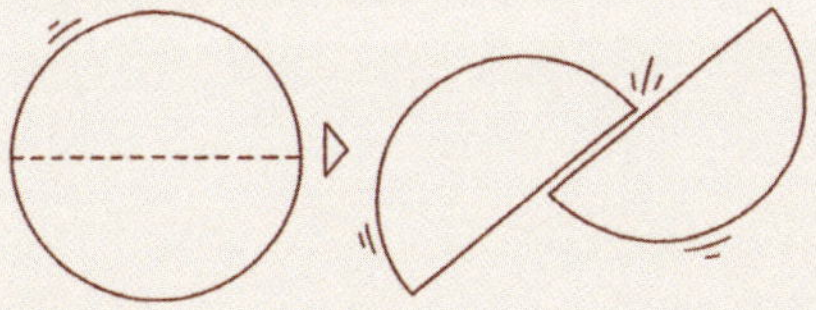

1. Couper le rond en deux.

2. Rabattre la partie supérieure.

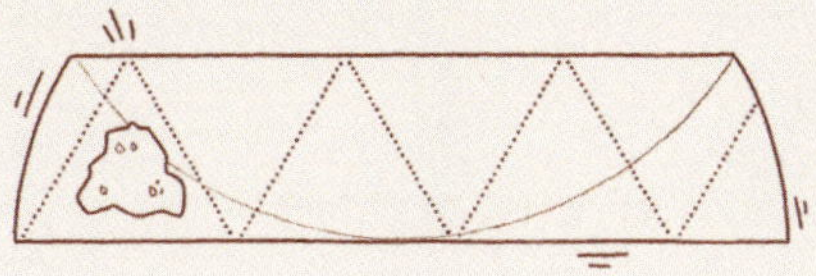

3. Déposer la farce sur l'extrémité gauche.

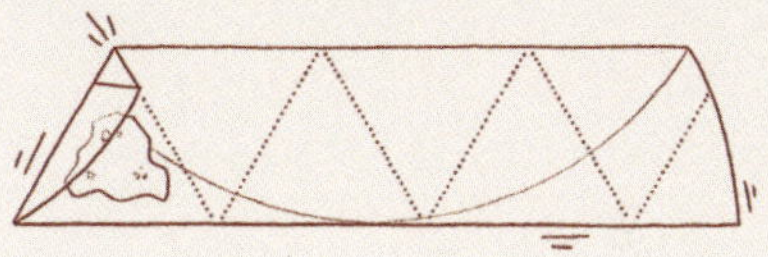

4. Rabattre la courbe gauche pour former une arête.

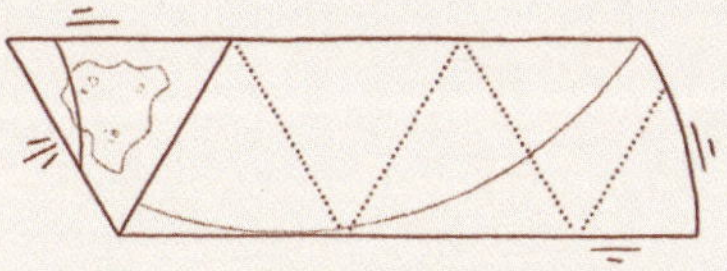

5. Replier de manière à aligner le côté gauche sur l'horizontale.

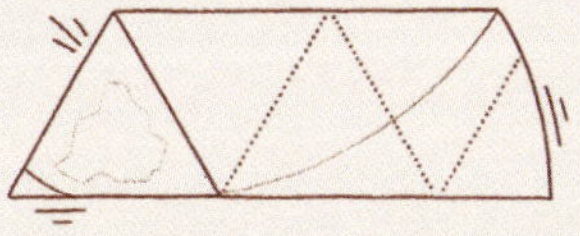

6. Rabattre le côté gauche à nouveau vers la droite.

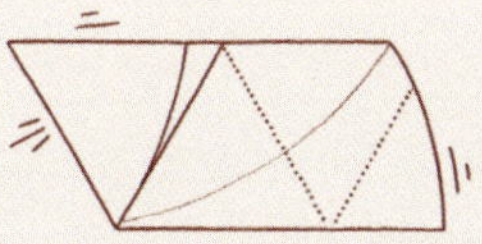

7. Continuer l'opération.

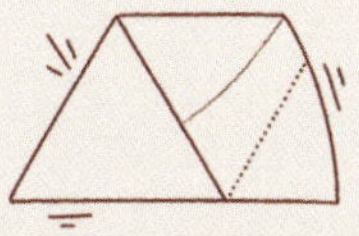

8. Arrêter quand on ne peut plus replier le triangle sur lui même.

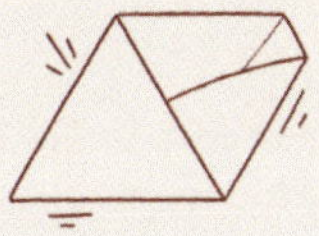

9. Replier la partie de droite en deux.

10. Glisser cette partie dans le dernier pli.

INDEX

Index technique

A-B

C

D

É

G-H

L

N-O

P-Q

R-S

T-V

Index des recettes

E-F

G-H-J

L

M-N-O

P-Q

R-S

T

W

TABLE DES RECETTES

Merci à

Mes parents pour m'avoir donné le goût de la cuisine et du partage. Sophie pour son support inconditionnel et sa présence radieuse. Toute ma famille pour faire de chaque repas l'occasion d'une fête. Les copains pour partager toutes ces belles assiettes et bouteilles ensemble. Chloé, Lucas, Nicolas, Nicolas et Pierre pour cette amitié sans faille, malgré les années. Jim et Pablo pour leurs rires aux éclats.

Cédric et Rose-Marie pour leur confiance renouvelée.
Simon et Lucas pour leur talent.

Merci également à L'Afrat, La Buvette, Le Café du Coin, Le Food Market, La Note Gourmande, Seat & Watch, pour leur confiance et leurs enseignements.

Mais aussi à Virginie, Camille, José, Othmane, Marion, Stéphane, Sylvain, Alex, Nikita, Kathia, Hugues, Jim et toutes ces belles rencontres amenées par la cuisine.

Enfin, merci aux producteurs, aux agriculteurs, aux artisans, aux commerçants et à tous ceux qui ont la passion du bien-manger.

À vous qui lisez ce livre, en espérant qu'il soit taché, annoté et embarqué à des fêtes mémorables.

92, avenue de France - 75013 Paris - France
Tél. : 01 44 16 09 00 - Email : firstinfo@efirst.com
Site internet : www.lisez.com

ISBN : 978-2-412-09657-4
Dépôt légal : septembre 2024
Imprimé en Belgique

Photographies : Simon Détraz, sauf p. 2 et 8 (Alexis Gracio), p. 11 (dmsitusurfes), p. 173 (DR), p. 176 (Los Andes Agency)

Illustrations : Lucas Teisseire
Conception graphique et mise en page : Pierre Manas

Direction éditoriale : Marie-Anne Jost-Kotik
Responsable éditoriale : Rose-Marie Di Domenico
Édition : Cédric Le Brun
Fabrication : Laure Bueno
Relecture : Émilie Collet
Correction : Irène Colas